拒絕開成別人眼裡的花

成就美好自己的41個激勵

【推薦序二】

你滿意你現在的選擇，你滿意別人幫你選擇的嗎？

鄭俊德（閱讀人主編）

認識少彤是一個非常特別的機緣。最早是我到金門校園演講，少彤是學校老師參加了這次的講座；而後我們在臉書成了朋友，更透過臉書認識了彼此的生活。少彤的人生充滿了許多冒險，常常可以在她分享的照片中，看見上山下海騎單車的身影，甚至後來聽到她勇敢離開了金門，離開了教職，活出自己想要的樣子，成為了一個專職寫作者，如同這本書的書名《拒絕開成別人眼中的花》。

在過往她的工作身分，其實是很多人嚮往且持續努力爭取，因為老師有寒暑假，同時也代表一種社會地位，在許多人眼中是鐵飯碗。但她卻選擇離開了這個穩定的工作、令人稱羨的職業，去找尋自己想要的人生。我相信在跳離教職的過程並不容易，對更多人而言更是難以置信：「怎麼這麼傻！」但她卻說，活著不是為了滿足期待，而是為了實現人生的精采。

當然，一定會有人說這樣是對人生的不負責任，未來更沒有保障，但其實，無

法把自己的人生活得快樂才真的是不負責。當勇敢為自己選擇，不正是開始學習負責嗎？更何況人生最大的保障不正是健康、快樂而不單只是穩定的工作。所以少彤寫這本書《拒絕開成別人眼中的花》，不只是寫給你的，更是寫給她自己，義無反顧地面對人生。過往我們都不夠勇敢，所以才需要練習，慢慢地活出自信，找回自身的價值。

在過去為了符合別人的期待，我們做了很多努力，但多數的聲音卻不是肯定，而是「你還不夠好！」「要再努力一點……」等，這樣的期待使我們越活越累，漸漸地不像自己。書中也引用了王爾德說：「漂亮的皮囊太多，但有趣的靈魂太少。」當你努力活成了別人期待的玫瑰，最後開在滿山遍野的玫瑰田裡，是看不到你的，反而萬紅叢中一點綠，把自己長成了蘆葦，屹立不搖能屈能伸，最後開出花來更能隨風自由，這樣不更精彩！

所以，要活得更像自己，你需要書中提到的鈍感力，不要把所有的訊息照單全收，簡單來說，就像是左耳進右耳出，把建議收下、把傷害拋棄，不好的就當作耳邊風，因為很多時候這些聲音只是別人無話可說時的應酬話語或是習慣性的酸言酸語，就跟逢年過節三姑六婆總會問的「結婚沒？年薪多少？在哪工作？考試如何？……」是一樣的。當你擁有鈍感力，表面的點頭回應，內心的拋之千里，這樣的應對才不傷和氣。因你依舊做你自己，這也是一種恰如其分的人際界線，不會太鹹也不會太甜的醍醐味，友善調味的關係才能有滋有味。

說個我自己的故事：創業13個年頭，在開始的前幾年是賺很少錢甚至賺不太到錢的，為了活下去必須要投入許多努力，但為了活得好則必須使父母不擔心，所以隱瞞自己面對的壓力有時是必要的。

固定的家庭支出、固定的奉養金，需要非常精打細算的度過每一天，看著自己日漸減少的積蓄，試算著還能撐多久的現金，其實壓力是很大的，因為你不清楚何時才能有穩定營收。我想你會問：「為何不直接對父母坦承面對的壓力？」但其實說了又如何？壓力不會減輕，反而會使更多人擔心。創業壓力本身不輕了，外加個家人反對不就更累死自己，如果你的家人願意全力相挺當然另當別論，但多數的家人並非如此。

熬到6年多後，慢慢試到正確的題目與方法，才有了穩定的收益足以養家並累積積蓄，這過程是需要不斷試錯熬煉，而且只能專心去蕪存菁，太多聲音反而會偏離。

所以回到這本書說的《拒絕開成別人眼中的花》，要養出耐看的生命，是一種堅持與選擇，更需要聰明的方法，而這本書就是送給你的人生指引書，讓你活出精彩與有趣的人生。

【推薦序二】

「我是誰？」我是我。我就是我！

鍾婷（中華自媒體暨部落客協會理事長）

你懷疑過自己，「是誰嗎？」你看清過自己，「是誰嗎？」你堅信過自己，「是誰嗎？」當夜深人靜之際，你站在鏡子前，映入眼簾的那個人，你認識嗎？喜歡嗎？認同嗎？

「我是誰？」是人生課題的大哉問。有人終其一生都在尋找自己；有人哇哇落地就理所當然地明瞭自己的天命。無論我們到哪種年紀、獲得怎樣的成就，總是不斷的在人生旅途中尋找自己；總在四下無人的寧靜中，獨自面對內心的自己。

在5G萬物聯網、人人皆媒體的數位時代，透過新媒體工具，任何人都能輕易表達自己的觀點與態度。有人靠青春本色；有人靠裸露炫技……卻鮮少有人憑藉著與生俱來的內涵才華，去耕耘打造自己的數位形象魅力。所以，往往只能靠一時的新鮮感或時事議題而爆紅，卻無法在茫茫網海中屹立不搖。

自媒體，強調的就是「獨特的自我」。**「找出自己的興趣，善用自己的專長，去**

經營個人的自媒體。」一向是我在校園演講、企業內訓開宗明義必定會闡述的論點。工具可以複製、技巧可以學習、肢體動作可以模仿，只有我們的人格個性是獨一無二的。我很喜歡在網路上看到的一則比喻：一張鈔票和一張白紙，分別揉成一團，還丟在地上被人踐踏。但人們依舊認同鈔票的價值，反觀白紙卻從此一文不值。這比喻告訴我們：重點不在於我們經歷了多少挫折，遭人忽視、輕蔑，或是詆毀、誣陷；重點在「我們到底是鈔票？還是白紙？」世界上唯一能阻礙我們自己成長的，只有自己！當然，能證明我們有多少價值的，也就只有我們自己！

禪宗《指月錄》裡道盡人生三大境界：見山是山，見山不是山，見山還是山。而我對「找尋自己」的過程，也有類似的感觸。首先是「我是誰？」的存在懷疑；再到「我是我。」的優勢認可；最後到「我就是我！」的性格無畏。只要不影響到其他人，讓自己任性點、隨意點地活著，有何不可呢？

相當喜歡作者在《拒絕開成別人眼中的花》一書中闡述的論點。從接納自己開始，擁有「被討厭的勇氣」，我們不可能事事完美，時時活在他人的期待之下。只有我們全然的接納自己，坦然面對自己的獨特，才能強化出專屬的個人優勢。當身心靈都獲得解放時，豐盛富足的心態才能讓我們放寬眼界、敞開心胸，用愛去感受一切的體驗。當我們忘情地擁抱美好，幸福，自然就會到來！

【自序】

拒絕開成別人眼裡的花，我們可以成為最好的自己。

李少彤

一直很感激這一路走來在我生命裡的每個相遇。無論相處的短長，每個交集都讓我能夠不斷成長成更好的自己。謝謝凱信出版為我出版的第二本書，謝謝閱讀人主編鄭俊德與中華自媒體暨部落客協會理事長鍾婷兩位前輩為我作推薦序，也謝謝長期以來一直支持自己的朋友與讀者，還有正翻開這本書的你。

每個人生階段都有需要努力的課題。在失速的世界裡慢下來之後，心也跟著沉澱下來，於是漸漸地把焦點回歸到自己本身，開始處理過去一直懸而未決或逃避去面對的課題。曾經一直想要拼命往前的自己，此時此刻有了不同的體悟：**不處理過去是無法前進的**，因為這些無法讓我們輕盈前行的過去形塑了為了塞進「對的」框架裡變形的「錯的」自己。

我們期待拋開過去，成為自己所喜歡的自己。但不管我們喜歡的自己是什麼模樣，必須體認過去是無法拋棄的。在學習愛自己的過程中，我發現：我們並不需要拋開過去才能做自己所喜歡的自己。人生經驗是涵養我們的一切。我們對過去並非無能為力，我們可以選擇將所有在「曾經」裡學到的一切轉換成滋養現在的養分，而不是限制未來成長的桎梏。

這本書寫給一直以來拚命想要符合社會標準與期待卻飽經挫折感衝擊的大家，當然也包括我自己。我們都曾經扛著太多對別人的在意、對自己的要求與別人對我們的期許。用盡每一份心力將自己納入社會成規的樣本板模中，希冀成為完美的我們都試圖討好過這個世界與他人，但我們卻因此沒有少過委屈自己；甚至在不斷調整自己去適應這個環境與他人的同時，忘記了自己想要與渴望的人生。

如果你也和我一樣是在扭曲的社會標準與要求澆灌下長大的孩子，或許是高敏族、或許因此低自尊、或許飽受情緒勒索，但內心仍有深刻的渴望活出自己的人生，想成為自己的唯一。那麼，讓我們可以一起學著從發自內心接納自己開始、允許自己的獨特並開放地接受愛的每一個面向，擁有身心自在且豐盈的自信人生。這樣的我們將開始懂得何謂愛自己，也能因此擁有幸福的能量。幸福其實不難，就從珍惜每個當下開始獲得；未來不遠，就從放下過去開始前行。我們活著不是為了要等一份愛，而是為了能夠擁有愛這個世界的力量並因此而成長。

依然，這書裡的每一篇文章，都曾是寫給自己的小小激勵，讓自己可以有能量前進。也非常開心他們現在能夠付梓成書成為其他人力量的來源。想要做出改變與達到某個目標，最重要的除了決心，更要有行動。當思維與心念改變的當下，如果加上行動力的催化，那麼，我們一定能夠成為更好的自己。所以，在每一個篇章後面所附的「愛的彤溫層」是給願意改變的我們一個「微行動」的參考。請牢記：我們活著不是為了要等著變老，是為了要一直變好。累的時候請輕輕告訴自己：我們真的不需要討好這個世界，甚至不需要討好自己，我們只要好好地活著，成為自己想要成為的自己就夠了。

親愛的，拒絕開成別人眼裡的花，我們可以成為更好的自己。願每個人都能找到自己最棒的模樣，活出屬於自己的精彩人生。

【目錄】

推薦序一 你滿意你現在的選擇，你滿意別人幫你選擇的嗎？ 鄭俊德

推薦序二 「我是誰？」我是我。我就是我！ 鍾婷

自序 拒絕開成別人眼裡的花，我們可以成為最好的自己。

第一章 自信，從接納自己開始

・放心丟掉社會的符碼 016

・拿到紅字又如何 022

・完美其實很無聊 028

・請美得像自己就好 033

・活出屬於自己的最適合 038

・練習培養超無敵鈍感力 043

・誠實面對自己的最渴望 049

第二章

自在，請先允許自己的獨特

・獨特是一種祝福　058
・有趣的靈魂才是標配　062
・讓靈魂香氣與外表魅力兼具　067
・給自己最華麗的Check　072
・耐看是因為美得獨一無二　076
・人生千萬別對號入座　080
・芭比生產線不缺一個你　086
・拒絕開成別人眼中的花　092

第三章

豐足，來自感受愛的每種面貌

・互相成全能讓愛成長　100
・試著不要愛得太用力　106
・愛就是我的希望裡有你　111

・陪伴是最珍貴的禮物　116
・恰如其分的剛好　120
・培養生活共感力　126
・學習心碎復甦術　131

第四章
幸福，源於珍惜每個當下

・別把最美的時刻浪費在等待　138
・把握既短且貴的餘生　144
・重要的不是結束而是開始　150
・享受一個人的專屬浪漫　156

第五章
成長，取決於改變的心

・面對自己的脆弱與恐懼　162
・讓勇敢走在遺憾之前　168

・請專心做好理想的自己 173
・走好現在就會邁未來 178
・用每個細胞盡情舞動人生 184
・必要時請調整定位 190
・勇敢不是標語是實踐 194

第六章 放下，才能走遠

・累了就放下 202
・未曾擁有何來失去 206
・請體認得失都是自然現象 211
・風乾是一種必要的儀式 216
・我們無法承擔所有人的幸福快樂 221
・見面是一種屬於雙方的懸念 226
・讓過去隨風而逝 230
・堅強不是標配 234

SUICIDE BOYS
I WANT TO DIE IN
NEW ORLEANS

第一章

自信，從接納自己開始

不需要成為別人想要的樣子，因為你已經夠好了。

親愛的，人生的目的不是為了滿足別人的期待，而是為了自己人生的精彩。

我們用心裝扮

不是為了像別人一樣，而是
為了呈現最自信的自己。

放心丟掉社會的符碼

勇敢穿上自己的樣子，成為有個性的靈魂！

對於動腦比動身體多的我，難得有機會可以不把工作擺在生活裡。2019年的年度大挑戰是一個月的抽離。我決定強迫自己放空，到LA「玩」一個月。

由於單純的自助旅行對我來說，還是很容易讓大腦叨叨擾擾，於是我選擇與身為專業舞者的友人們到洛杉磯進行為期一個月的舞蹈集中營訓練，只為了認真傾聽身體說話。要說這是「集中營」，顯得有些浮誇了，但不可否認的，課程安排的確非常精實，再加上一群熱愛生活且喜歡旅行的人聚在一起，怎能不好好熱血一回？基本上，這一個月進行著的就是舞照跳、但該玩到的一樣也不能少的節奏。所以，週一到週五的時間，一行人「不是在舞蹈教室，就是在前往舞蹈教室的路上」。每天很自然地起床給自己煮了早餐，再熱血地赴教室訓練僵直的身體，在課堂中感受每個人散發的熱情與風格；而週末，就是跨州趴趴走跳的瘋狂大冒險，認真安排滿滿的行程，體驗所有的美好。

雖然來到LA已有一陣子了，但因為每天都以「開外掛」的模式運作，所以一點都不像是在旅行，反而比較像是在生活。回想這些日子，到超市採買、煮三餐、搭大眾交通工具、自行租車開上高速公路……熟練地像是在地人，一點也沒有適應的問題。唯一的大不同就是我在這裡穿了將近一個月的背心。那些當初因為覺得顯手臂粗而被遺忘在衣櫃深處的背心，到了LA，全部輪番上陣，無一掛漏。

可能有人會問：「穿背心很特別嗎？也值得拿出來說嘴一番？」

說真的，穿背心一點也不特別，但對於在臺灣不敢穿背心的我來說，在LA可以不在乎別人的觀感天天以背心穿搭，還倒是挺特別的。

當然，美國的水不是神仙聖水，喝多了不會變仙女姊姊。我的手臂跟腳還是一樣粗壯。沒錯，跳舞會讓身體結實，但不會速效鏟肉，誠實說，我吃的漢堡跟我跳的舞一樣多。能放心把背心穿出門的原因，是因為我觀察了一陣子之後發現，不管我今天怎麼穿，即便再隨性、再無厘頭甚至是創意爆點，在這裡都沒有人會說：「你的手好粗」、「你的腳好壯」，或者「你怎麼那麼胖？」反倒是偶爾會有路人停下來開心地對我說：「你的耳環很美。」「你好可愛。」或者「我喜歡你的褲子。」之類的讚美。沒有人會管我的手粗不粗，腳壯不壯，或者是屁股大不大。因為，那些都不是重點。不管有什麼樣的身材，無論穿甚麼樣的衣服上街，**自信就是最好的裝扮**。在這裡，大家尊重每個人對身體與個性的詮釋，所以能讓人擁有一種特別的自在與安心。

衣服不是用來遮醜的，而是用來表達一個人的特質與美好。或許努力成為傳統社會樣版化製造下所謂符合社會期待或審美觀的人是另一種型態的自在與安心。但親愛的，每當這樣做的時候，可曾看著鏡中的自己，問一句：「那是你嗎？」丟掉社會的符碼吧！讓我們替身體穿上靈魂原本的美好，練習自在地與自己相處。我們每天早起費心打扮，為的不是譁眾取寵，要的不是跟別人一樣，而是為了呈現自己最自信的模樣。衣著是表現自己的第一步，也是最安全的叛逆衝撞。我們不需要努力把自己變成被馴化的社會標準樣版，但一定要認真「有個性」到底，讓靈魂有出口說話。

別擔心要穿什麼才會讓別人喜歡自己，讓我們一起試試穿什麼可以讓自己非常喜歡自己，好嗎？

愛的彤溫層

了解自己比什麼都重要，我們可以用衣服替自己定調！

打開衣櫥看一看，自己的裝扮是因為不同場合的需要，還是因為自己喜歡那樣的款式？

一星期至少兩天，穿出自己想要的風格，決定自己的模樣。

人生裡的事件

是不是機運，或許就取決於
有沒有看見「彩蛋」的眼光。

拿到紅字又如何

負評不是裹足不前的理由。所謂的「不正常」，背後總隱藏著幸運的彩蛋。

還記得很久以前看過一部電影，片名叫「紅字」。內容說的是：在西方有著那樣一個年代，犯罪的人必須戴著一塊繡著腥紅色字母A的布在胸前，於是「the scarlet letter」成了「罪人」的代名詞。這種懲罰與中國的黥面相似，是最早標籤化的形式，可以說是最無聲但卻最深沉的撻伐。

紅字，一向給人都是不好的聯想：身上的紅字代表道德行為異常；成績單的紅字代表學習成就異常；健檢報告上的紅字代表健康指數異常；而收支呈現紅字就代表營業狀況異常……在中國傳統的成規中，甚至不能用紅筆寫別人的名字，那可是犯了最嚴重的忌諱；而一般人對於紅字，更普遍呈現一種被制約的恐慌，一看到紅字的第一反應，不是「糟了，怎麼辦？」就是「怎麼會這樣？」

對於紅字，我也不能免俗地呈現過敏現象。我不否認，我向來以「從來沒有拿過紅字」為傲，這唯一出現在我生命中的紅字，大概就是健檢表上的紅字了吧！今天回診時翻看健檢報告，一路帶著笑容往下看，甚是滿意，因為視線所及沒有一樣超標，但看到最後，卻發現了紅字，我的總膽固醇過高……這著實嚇了我一跳。我急忙詢問醫生的建議，這是代表我該減肥的意思嗎？還是有其他異常的狀況？

原本還擔心若沒有狀況也總免不了挨醫生一頓勸說告誡，回家還得為減肥傷點腦筋。沒想到，醫生看完報告卻笑著對我說：「報告很漂亮哦！紅字是因為好的膽固醇很多，這是好的。」乖乖，我當場愣了一下。這完全顛覆了我對紅字的看法呀！原來並不是所有的紅字都是不好的；紅字只是反應了「異常」，而我們所抗拒的「異常」也不一定代表不好，不過就是「跟一般的、尋常的不一樣」罷了。

可憐的紅色，因為長期以來身負「警示」的效用而背負了原罪。我們常常會因為「不正常」而感到焦慮，拿到紅字就像被掛上“the scarlet letter”一樣覺得羞愧，感覺必須得要因此承受世人異樣的眼光。就算只是輕如鴻毛的不經意一瞥，也能帶來重如泰山的壓頂殺傷力。

可能自己已到不再需要替人生打分數的年紀了，所以現在看到紅字的驚慌恐懼也降低了很多。一路走來發現，原來有紅字也可能是好的。它的存在不過是提醒了我們：許多我們以為的「理所當然」，其實有很多被輕忽的存在，不管它們是好的還是壞的。

親愛的，或許值得我們花力氣反應的不是異常的表徵（紅字），而是背後造成異常的原因。「怎麼會這樣？」不該僅止於用來表示驚呼，更應該用來找出背後的緣由，並將情況調整成自己想要的結果。

至於我那因為「好的膽固醇」而造成的總膽固醇過高所跑出來的紅字在那時造成的喜劇效果與反思，我由衷感嘆與感謝。有一句勵志經典名句是這樣說的：**「就算跌倒了，也要從地上抓一把沙再站起來。」**人生有時候遇到的「紅字時刻」不一定表現在數字上，也可能反映在達不到的目標、追不到的女朋友、求不到的職位、拿不下來的案子、經商的失敗、婚姻的破裂等等，倘若真的遇見了「紅字時刻」而在人生的重要關頭跌倒了，那就先別急著站起來吧！休息一下，看看地上有沒有東西可以撿再爬起來。

也有一句話是這麼說的：「老天爺送我們禮物，並不會包裝成我們想要的樣子。」**或許每個紅字的背後都藏有彩蛋。他們是上天送給懂得冷靜逆向思考的人最特別的禮物。**

愛的形溫層

認識自己比什麼都重要，我們可以一起找到藏在紅字後面的彩蛋。

回想生命中出現紅字的時刻，是什麼樣的場合？

為了什麼？當時的感受？還有，面對紅字我們做了什麼？

寫出三個「紅字時刻」、自己當下面對的方式以及之後對生活造成的影響。

思考一下，若是換成現在的我們，仍會覺得紅字不好嗎？又會做出哪些有別於以往的因應？

拿追求完美的力氣

來善待自己，或許不討喜，但肯定很爽快！

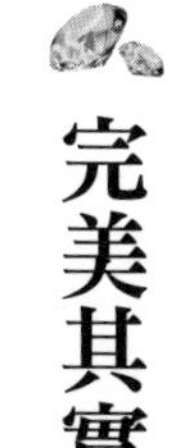

完美其實很無聊

追求完美並無法保證一生幸福，唯一能保證的只有心一直很累。

這是一個充滿女神與男神的時代，完美的標準線也越來越高。有趣的是，雖然樣版化的網紅成網美臉越來越多，但能夠被記得的、甚至大紅大紫的明星，反而都長著帶有那麼一點特色的不完美臉蛋。說真的，「完美」除了具有鑑別度不高的缺點，而且還很無聊。將精準且不出錯的人生確切落實在生活的每分每秒中其實是一種病態的體現。不過我們不需要煩惱這個。我們該煩惱的是，如何在完美主義的碾壓下，還能夠開心地保有自己的特色。

當要求完美成為一種趨勢，當身邊的人都力求完美精緻；我們很難不淪為比較的一方，也免不了要歷經一番批評指教。我不否認在年輕的時候會把別人丟過來的每個評價都接下來、牢牢拽在懷裡、仔細地檢視，然後不斷改正自己。

這除了讓自己鍛鍊出馬戲團的接球身手之外，也讓自己一直都處於高度緊繃的狀態，惶惶惴惴地不知道要怎麼做才能讓這個世界滿意，然後傻呼呼地不知道到底拚命在證明什麼，結果讓自己累得半死；換來的只有無比的挫折感，漫天蓋地。直到花了N年，我才終於明白，不管我們怎麼戮力證明自己，完美其實是個超級不可能的任務。

現在的自己，可能是因為年紀，也可能是因為閱歷，或者可能是因為已經不想再討好這個世界了，雖然還是不解別人為何對自己有所誤解，也無奈別人用社會標準規範來要求自己必須要有完美表現；不過，成長讓我學會了尊重每個人看事情的角度。與昔日不同的是，現在的我學會了接納自己與相信自己。所有的評論都不再往心裡去。我開始懂得**別人的完美不等於我的完美**，並且學會了在別人的話裡撿拾黃金。

或許生活中總是會遇到四處拋擊來的莫名言論、似是而非的謠言或者令人哭笑不得的捕風捉影。就讓他們去說吧！其實我們都清楚，對於所謂的「事實」，大部分的人都會選擇對自己有利的方式詮釋；有的人根本不知道真相，只會以訛傳訛，若真心要計較是計較不完的。千萬不要因為別人的言論受傷難過，更不要因為不想得到負評而活得小心翼翼。

完美是什麼，可以吃嗎？

擁有零負評的人生並不代表就會因此得到幸福快樂。別人怎麼講與怎麼想真的沒有那麼重要。**我們無法向不相信自己的人證明自己，但至少我們永遠可以相信自己，並且不需費力證明。**

親愛的，我們都是最好的自己，值得一切美好，值得過上理想的生活，值得一切的一切……因為這個世界上，只會有一個你，別無他號。

愛的彤溫層

你認為的完美是什麼？當達到對自己要求的完美基準線時，開心嗎？

靜下來，寫出十個自己喜歡的完美標準，想想若不達標會如何？又在什麼狀況下，完美準則會失效？

或許經過檢視之後，你會發現，完美真的沒有想像中那麼重要！

用溫柔的心

對待自己的獨特。寧做鑑別度高的自己，不要成為複刻的別人。

請美得像自己就好

別害怕做自己，因為最真實的模樣值得一顆溫柔的心相待。

慣性地在擁擠的車廂中滑著文章，突然間，一篇文章的標題讓我停住了不斷往上推的指尖。《街屋台灣》一書的作者鄭開翔在〈為什麼台灣不能美得像自己？〉這篇文章裡載明了他開始城市速寫的心路歷程與觀點。令我印象最深刻的是，他提到了我們在蓋建築物的時候，總想要營造出像國外的氛圍，以至於許多建商紛紛強調建築物「美得像在國外」，這現象讓他不斷地反思：「能不能美得像自己就好？」而這句話也讓我一直咀嚼再三。

是的，我們能不能美得像自己就好。單純地，像自己。

打開媒體，多如牛毛的文章告訴我們該像誰一樣美、該如同誰一樣穿搭或該像誰一樣活著……於是，大部分的人心中就有了一個偶像或神級人物，然後仰望著他們，一路辛苦地在身上刻畫著他們的樣子。想要變得更好是一件好事；但，**能不能不要美得像復刻版的某人？能不能美得像原版的自己就好呢？**

我曾經一度也很迷失。因為覺得自己不符合世俗對美的定義，所以會想要努力地變成標準化規範的模樣。幾經折騰，到後來我卻覺得當一個鑑別度很高的自己，其實是一種祝福。因為要美得像自己，其實很不容易。這需要有高度的心理素質才行。畢竟要先接納自己的與眾不同、要欣賞自己的模樣、要抵得住別人的眼光，基本上就是一種很大的勇敢。

別人可以不懂，我們卻不能不了解自己。這世界或許很直接，但我們值得被溫柔對待。如果這個世界不行，至少自己可以。就像這文章中另一句讓我很感動的話：「我們能不能用溫柔的心來對待一座城市？」一樣，我們也問問自己：**「我們能不能用溫柔的心來對待自己？」**

許多城市對於舊建物粗暴地按下刪除鍵，然後，具體的存在便被拔空，在記憶裡成為一抹永恆的遺憾。我們都懂，在一個效率的功利社會裡，不求回報的溫柔，很難；不管是對沒有生命的建築還是對有溫度的人們。但是我們可以試試看。這世界的建構存在有軟硬體的和諧與平衡。建築物跟人都一樣，獨具自己的美好。如果我們能夠欣賞一地一物特有的美，也溫柔地對待它該有的風華，那麼我們更應該學會欣賞自己的美，接受自己的樣子，並且溫柔地對待自己或他人應有的模樣。若能如此，即是一種深具文化底蘊的氣度與涵養被高度地展現，同時也是對自己最溫柔的善待。

親愛的，我們美得像自己就好！給自己一個溫柔的擁抱，因為你很好。

愛的彤溫層

我們可以觀察一下鏡中的自己，或想想自己擁有哪些和別人不一樣的專屬特色；最欣賞自己哪一點性格或特長……

寫出十個自己覺得很棒的點，貼在醒目的地方，每天起床前看一遍。接受與肯定是善待自己的原點。

心有多寬

世界就有多大。就讓我們從心所欲，活出自己的最適合。

活出屬於自己的最適合

這世界不存在著最好的姿態，只有最適合自己的模樣。

大家的生活都滿滿的嗎？還是也跟我一樣，偶爾也會有那一時片刻的疑惑從腦海飄過，然後甩甩頭繼續往前走。

人生裡遇見的人、走過的路，以及看過的風景與經歷的事物，都有其因果存在，不會憑空而來，亦不會憑白而過。並不是非得要如同牡丹一般嬌艷或者形如夏荷一般清麗，才是漂亮的人生，僅是素雅如梅，也能淡香沾衣而不散。

歲時難料，可能冬暖，可能春寒，唯有自己是隨心而行的。心念決定晴朗或陰霾；心念決定視野的寬廣與眼界的高低；心念決定了最適合自己的樣子。

就如同雨果在《悲慘世界》中所提到的：

這世界最寬闊的是海洋，

比海洋更寬闊的是天空，

比天空更寬闊的是人的心靈。

海洋難免波濤洶湧；天空難免風起雲湧；而心靈也難免情緒起落、陰晴難明。每一種事物的發生都是中立的，有陽光必定有陰影，有雲靄必定有濕涼。**事物的好壞取決於心眼怎麼看待。無論是在「目」還是在「心」，「眼界」的寬闊度取決於一個人的心性與修養。**

雖然海洋與天空是這世界上最遼闊的東西，但最有趣的地方就是，海似無邊，天若無際，但航行總會停泊，飛行總會棲息。唯有心靈，看似脆弱，侷限在身體裡面，卻異常地強韌，如果願意，可以無拘無束也無限。

雖然心靈並沒有長、寬、高的標規，這世界上也沒有一種放諸四海皆準的尺度用來衡量最美的心靈應該要有多大的容量。只要我們願意，心靈的寬廣幅度可以由自己定義。

不管我們是不是必須得要因應世界變成自己不熟悉的模樣，但是至少能夠誠實面對自己的心。我們的心是上天最好的禮物，那是自己唯一可以決定它大小、形狀、強度與溫度的東西。只要有心，屬於自己的世界將無限遼闊。

親愛的，笑一個，像雪梅一般燦爛！**世間沒有最好的姿態，只有最適合自己的樣子。**

什麼最適合自己，不是由這個世界決定，而是由自己的心決定。所以，別讓自己的心受限，當心夠柔軟，就有無限的包容度；當心夠寬廣，就有無限的可能性。

愛的彤溫層

練習看待事物的兩面，正視內心的聲音。

連續 21 天，每天記錄一件重要的事情，練習用正反兩面去詮釋並寫下不同角度之下，自己的感受與決定，培養看待事物的中性立場，並且讓心做出理性的判斷。

鈍感力無敵！

高敏者眼中的負評，在鈍感者的
眼中也不過是經驗而已。

練習培養超無敵鈍感力

別人的情緒回饋不需要照單全收，越高敏越需要鈍感力平衡。

身為高敏群的一員，我一路上走來「承攬」的批評指教跟大家一樣多，但是因為特性使然，強度更是高上許多。坦白說，我也曾經因此很痛苦。雖然時間最好的禮物，可以慢慢地學會了解自己並與自己的敏銳達成和解；但或多或少，還是對於自己具有過於介意外界眼光的「高感度」而感到困擾。這一切終於在「鈍感力」一詞出現在我的眼前後得到了最佳註解。原來，鈍感力可以是高敏群用以平衡生活的一種方式。

不管是不是高敏族群，以往的我們總是被教育並且要求要敏銳地觀察別人的感受，也因此變得很容易因為別人的評論而影響自己的生活。昨夜睡前刷到了某位教授在臉書分享的的影片，裡面的主角提到自己因為老師說他一輩子不可能成為演說家而十八年不碰麥克風和演講。即便自己很熱愛，即便全世界都肯定他，但他還是覺得自己辦不到，因為他「相信專業」。

就只因為老師是「專業的」，所以當老師說他不能，他就頑執地相信著。當然他的人生後來得到了突破而成為一個成功的演說家，不然也不會有這段影片分享。但仔細想想，那樣輕飄飄的一句話，居然在他十八年的人生中造成如此巨大的影響，著實令人覺得可怕。

或許當時的老師只是就學生當下的表現給予評論；或許只是過於嚴苛的反應，並無他意。講話的人就像到門口潑水的人，潑完就走，被淋濕的人卻長達十八年不曾讓自己的身體乾過。看完影片後，我仔細地審視了自己的人生過程中，是否有曾經因為別人一句話而放棄機會，以及因為別人的否定而對自己產生懷疑的時刻。天吶！我發現，雖然我沒有像這影片主角一般極端，但是左右自己人生所選擇的，居然往往有太多是別人的評價，而不是自己的堅持。

親愛的，當沒有人肯定自己的時候，請相信自己，因為別人的評價不等於事實，頂多是個人主觀的看法，甚至是有所目的的破壞。我們都太過於在意別人的評價與眼光，而失去了對自己的認可，我們還要過多久別人眼裡的人生？我們為什麼要變成別人眼裡的模樣？當然，要做到不在意別人的看法很難。尤其當評價的人是自己在乎的對象，更是如穿心箭齊發，一擊而成重傷。

你也曾因此受傷嗎？弔詭的是，有形的傷，容易好，當痊癒了就被遺忘；而無形的傷，雖然看不見，或貌似痊癒了，卻常常不定時復發。我們很難做到零負評，但是就算有了負評又如何？其實不好的評價未必不好，也有可能是一種指點與祝福。請答應我，當評價襲來，別照單全收，等沉澱過後，再看看有沒有禮物或黃金包在其中，有則笑納，無則放下。雖然，往往是垃圾居多，而且還不能回收。

悠適與順遂有時候不是因為沒有障礙，而是因為我們並不把這些評價與否定視為佇足不前或者放棄的理由。鈍感力之所以無敵，因為有很多的評論，在高敏者眼中是一種負評與傷害，但在鈍感者的眼中，也不過就只是經驗而已。過度高敏與過度鈍感，都可能造成生活上的困擾，唯有適時地調整平衡，讓批評轉成事實陳述，讓情緒投射轉成經驗獲得，如此一來負評就不再只是負評而已。就算高敏也不需要小心翼翼。

你也是高敏者嗎？別忘記，偶爾要適度地踩個煞車，讓自己「鈍」一下喔！

愛的彤溫層

我們可以把負評轉成經驗值：

寫下一個禮拜的小日記，記錄每天聽到的黑話與負評；

寫下自己的感受，並且分析原因：是理性評論？情緒？還是惡意的反應？

我們可以從這樣的負評中得到什麼改進？

允許自己面對負評的真實情緒，同時看懂負評背後的真實意義，讓經驗飽足含金量。

為了別人拚搏

若是一種必須，那麼為了自己努力更是理所當然。

誠實面對自己的最渴望

如果有夢想，請不要停止追求；若想為自己做些什麼，請不要愧疚。

放了足足一個月任性的長假在LA進修，我得到了滿滿的收穫。雖然不知道為什麼要用「任性」這樣的詞來形容這段假期，可能是我腦中對於這個社會的價值觀還是有一點被制約的殘餘沒有濾乾淨。

在旅途期間，不乏有人旁敲側擊地探詢我關於旅費的來源。有人說我過得太爽、吃太好，也有很多人問我「是不是中樂透啊？」「你被包養了吧？」或者「是有乾爹？」我想這些丟出問題的人應該都跟我不大熟。

大齡女子如我，或許平凡，但踏實、努力、良善。我想我應該值得為自己做些什麼。更何況我花的是不偷、不搶、不騙而攢來的辛苦錢，要如何能過太爽？不過是這個價錢應該換取的價值罷了。普天之下，凡不是天上掉下來的，都是要靠汗水換取的。這簡單的道理，我想大家都明白。

有人說，你應該把這些錢省下來，可以給你爹、媽、孩子、弟弟或者衣索比亞難民做東做西買南添北……我想我可以理解，因為按社會不成文規矩，平民不該如此生活。如果把這筆錢拿來花在「不是自己的身上」，應該都多少能博得些美名稱讚。最好是過著苦得不得了的日子，但還是能樂於慷慨解囊拯救世界。只是我不能理解，為什麼自己賺的錢花在自己身上，就必須得被安上沉重的罪惡感。

我感恩有這樣的一趟旅程，感恩自己還有能力讓自己看得更多、走得更遠、感受更深刻。人生過了一半，我用這趟旅程總結了所有前半輩子的一切，回去之後歸零，重新再累積。論傻氣是有那麼一點，好吧！我承認根本就很傻，但我也確實因此感受到無比的喜樂。

在LA，印象最深的是課堂裡的老師每堂課的「例行公式」。他們在上課前總會希望我們靜下心來想想：「自己是誰，為了什麼站在這裡？」再問問自己：「為何而來，要帶什麼而走？」然後，要我們設定目標，在每個區塊一次比一次更好。其中有一位老師更語重心長地對來自世界各地的我們說："No matter what dream you have, keep going."（無論你的夢想是什麼，持續追求吧！）

「夢想」對我來說，還是有那麼一點點不切實際，因為我還走在找尋自己的路上。但是，不管以後我懷抱什麼樣的夢想，我相信是因為現在一點點的積累、一點點的進步跟一點點的改變而成型。

親愛的，如果有夢想，請不要停止追求。當我們能夠有能力為自己做些什麼的時候，不要因為別人的眼光或者社會價值觀的評論讓自己感到愧疚。

一個平凡人到底有沒有資格過上好日子？我想答案是肯定的。牢記：每個人都擁有好好過上理想生活的權利。「過好日子」從來都不是因為有沒有錢或者有沒有能力。請相信自己，我們絕對值得過上更美好的人生。

愛的形溫層

每天為自己的夢想做些什麼！

寫下自己真正想做的 100 件事情後，每個月挑出自己想做的前 10 件，安排時間去執行。不一定要完成，也不一定要有很好的結果，但是做過之後，請寫下自己的感受。經過不斷地反覆刪除之後，就會找到夢想的雛形與值得自己義無反顧投入的事情。

第二章

自在，請先允許自己的獨特

完美很無趣，樣板很無聊。

親愛的，我們存在不是為了成為誰眼中的最好，而是為了做自己獨一無二的剛剛好。

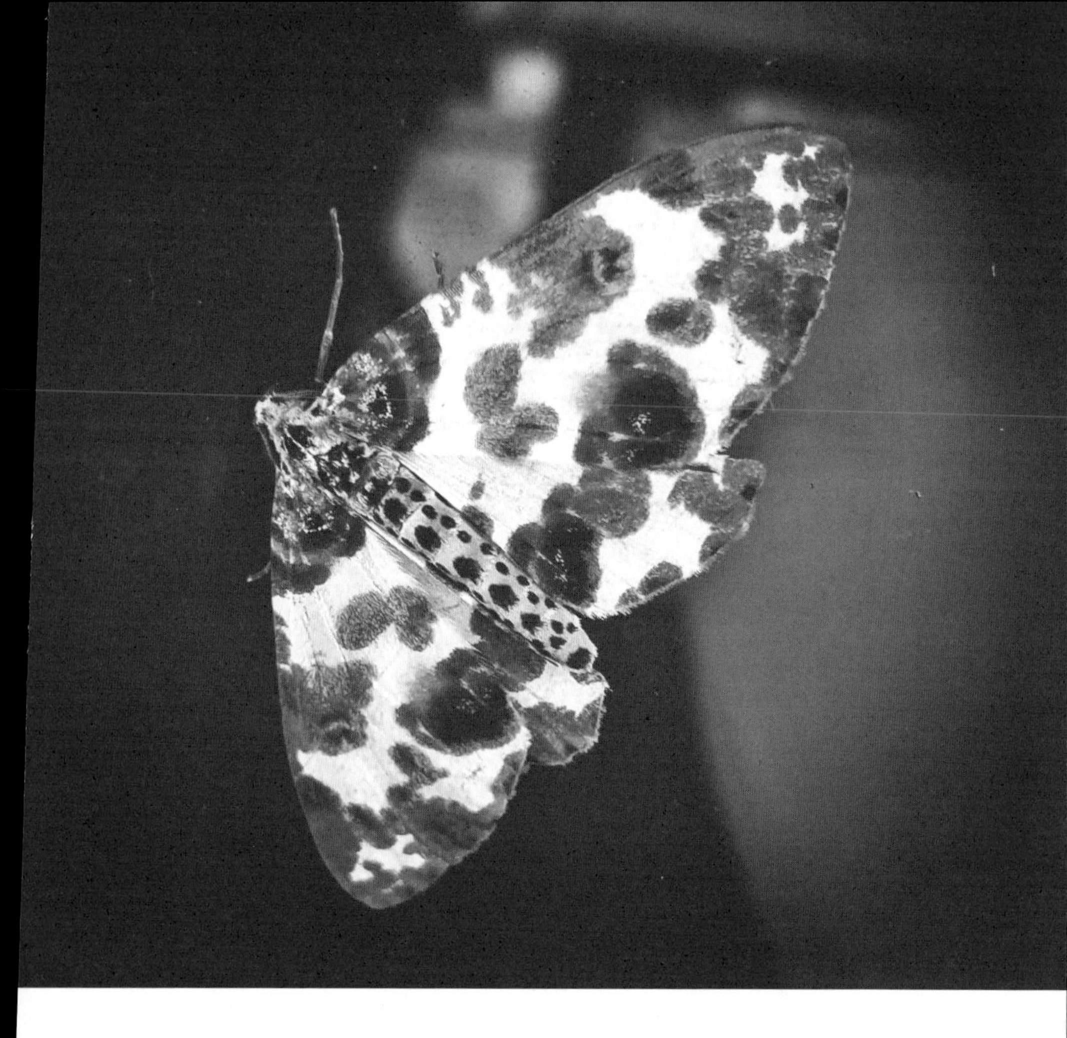

擁有自己的獨特

是一種祝福；接受並欣賞他人的不同是一種素養。

獨特是一種祝福

每個人都帶著祝福而生，讓我們擁有接受與欣賞的素養。

午後陽光收盡，空氣中滾著悶濕，我捧著冰咖啡，聽著耳邊每隔十秒鐘響起的叮咚聲。隨著叮咚的聲響，玻璃門輕輕地往右邊滑動。此時衝進來一群年幼的孩子，邊嗆呼著：「好熱喔！」邊朝著自己的目標竄去。我看著眼前的車來人往，並沒有特別在意。

「哇，你看，你看！」突然間，有一個眼尖的孩子似乎看到便利商店玻璃門上有什麼特別的東西而驚呼著，引得一群孩子靠攏圍觀。我順著聲音，循著小小的指尖望去，映入眼簾的是一襲雅緻的薄翼。這一隻看在孩子眼裡的「迷彩酷蝶」，在我眼裡，則是一襲白裡帶灰的衣裙配上琥珀色的首飾，既雅緻婉約又帶著波希米亞的浪漫自由。

老實說，我對蛾類並沒有研究，這娥雅致而沉靜的色調，在灰塵反光的玻璃上難以察覺，我始終沒發現牠正陪著我一起曬著午後的暖陽。但一看也知道這不是隨處可見的尋常飛蛾。驚豔於造物主的神奇，我凝神細看。蛾翼上的這款花色，哪怕是落在時尚雜誌上的衣著設計，也絲毫不顯遜色。是啊！不需要是斑斕絢麗的彩蝶，也能有獨到的美。誠如我們不需要是標緻的第一眼美女，也能有我們自己耐看的特色。美麗一向是沒有準則的，看來動人、處來舒服，就是一種美。天下萬物皆擁有自己的獨特；而擁有自己的獨特，就是一種莫大的祝福。

即使經過的人看法各異，歇停在玻璃上的蛾，還是一派地悠適淡然。我們處事也應如此：不畏懼他人的眼光、不介意別人的看法，也不怕表達自己對於具有獨特性事物的欣賞態度。

親愛的，**具備獨到的眼光是一種天賦；接受並欣賞各種美好是一種素養。**我們不需要附和別人的看法，我們也不需要刻意抹去自己的獨特，因為世界就美在我們都不一樣。

肯定自己比什麼都重要！

寫出十個別人覺得自己「很另類」的地方，或者自己認為跟別人差異性頗大的點，然後請用「正面且肯定」的句子重新陳述一次。比較兩次的陳述中，自己對於這些特點的感受。

想想，與眾不同真的不好嗎？有損失嗎？或者，有哪些好處呢？

或許從中你會發現：**所謂的「與眾不同」，能夠帶給自己的多過於我們的想像。**

人生不一定要美麗

但一定要有趣。

有趣的靈魂才是標配

去除漂亮的皮囊之後，請確保我們還剩下有趣的靈魂可以發光。

「找我什麼事啊？」

「沒事啊！我只是突然想念起你的聲音。」

電話彼端傳來一貫爽朗的笑聲與幽默風趣的回應，頓時間有一種熟悉的溫度在心底緩緩升起並迅速泛開。我想我們的生命裡，偶爾，總有著那麼一兩個有趣的靈魂會讓人在不經意的時候突然想起。

離別對我來說，三年不算長，兩天不算短。回想在泰半的日子裡，總是悠悠轉著不一樣的節奏與生活樣態的我，對於周遭的人始終保持著一種假性的疏離：怕太過在意對方會因此失去了自己；更怕一旦在關係中產生了高度黏著的依賴，隨之泛生的捨不得便會強過剝離的瀟灑。因為自己的心裡深深明白，一旦只要放心窩著、賴著，就走不開了。

即使如此，一段時日之後竟發現自己不管走到哪個角落或過著什麼樣的人生，總會在偶然間想念起生命片段中出現的那麼一兩個有趣的靈魂。於是嘴角便不自覺地被牽動著，泛出微笑。

王爾德曾說：「漂亮的皮囊太多，有趣的靈魂太少。」在這個顏質當道、臉蛋可以當飯吃的年代，擁有漂亮皮囊的人口比例遠超過王爾德所處的時代。美麗幾近是一種日常的風景與標配。但是，美麗的人卻不一定能夠擁有自己獨特的模樣。往往大部分的網紅都長得很相像，而網美的穿著也大致雷同。很多走在路上的女生，其說話的腔調越發一致；甚至連自拍照都有教學指南，所以拍出來的角度跟姿勢都很像。其實，多數人忘了安置在美麗皮囊下的靈魂才是能吸引人的真正要件。只可惜，美麗的外表易尋，獨特的靈魂難覓。

有趣的靈魂通常是聰明的，帶著慧頡的光。

靈魂之所以有趣，通常跟豐厚多彩的日子脫不了干係。沒有一定的閱歷，就無法累積生命的彩度。靈魂的氣質裡往往藏著一個人看過的書、走過的路、愛過的人、做過的事與經歷過的風雨。人生可以不美麗，但一定要有趣。通常有滋有味的人生才能淬出通透的靈魂，因之可以用幽默的心情看待一切，所以才「有趣」。請珍惜配備有趣靈魂的人，當然，這包括了自己。

親愛的，我們不需要標準的美麗，但可以當一個配備有趣靈魂的自己。

愛的彤溫層

替人生添點滋味比什麼都重要，我們可以讓自己不斷地接觸新事物，增加生命的彩度與厚度。

可以每週接觸一點新事物，例如：看一本非自己興趣的書、看一次完全陌生領域的展覽或者是表演；也可以每隔半年、一年的時間安排學習一種新的技能，或安排一趟從未去過的旅行……嘗試所有可能性，也豐富自己的生活。

智商或許是天生的，但智慧卻是靠後天豐厚的生活閱歷涵養的。

用溫柔的心

對待自己的獨特。寧做鑑別度高的自己，不要成為複刻的別人。

讓靈魂香氣與外表魅力兼具

不要寄望一雙不世出的慧眼，我們可以決定何時被看見。

無論是內在或外在的美好，當你想要，就能決定何時被看見。

由於一時衝動剪短了髮，要面對的後果就是：有一段時間，必須頂著隔壁鄰居阿姨型及奶奶款的頭「招搖過市」。要說不後悔是騙人的，畢竟我沒有通天顏值可以撐起這款霹靂無敵短的捲捲頭。但憑藉著三個月後又是一條好漢的氣勢，也就這樣與短到不行的頭髮相安無事。

雖然極力說服自己要眼不見為淨，不過偶爾也是會有需要出門見人的時刻必須面對。今天就在我花了大把時間抓出一個不那麼阿姨的髮型時，盯著鏡子裡的自己，突然發現：我人生這輩子似乎不曾為了誰這樣費心思。

不知道是自恃青春無敵，還是打小被「自然就是美」的口號洗腦得很徹底；女為悅己者容這種事情，幾乎沒有出現在我的人生中……。好吧！有過那麼幾次。但對於面對異性，幾乎是沒有。（感覺很對不起歷任男友，還好也就那麼幾個。）加上進入職場之後，一路上做的都是不用化妝、不需打扮，只要整潔素雅而且不需要穿上高跟鞋虐待腳的工作，更是助長了自己「化妝於我如浮雲」的信念。

我承認我有時候任性得令人髮指，雖然沒有顏質撐場，也是非常自我地活著。除了將大部分的時間花在除了外表以外的事物，對於感情更是隨緣到佛系的境界。一直到後來我才明白……原來男生說不看外表都是在安慰你的；男人說不看身材都是日行一善的。大部分正常的地球人，當你沒有外在美的時候，根本懶得花心思了解你的內在到底美不美。

面對這樣的「常態」，雖然我不願意但也不得不承認，我花了大半輩子驗證後得到的結論竟然是：沒有人能透過我的外表看見我靈魂的香氣。（可能是因為香氣必須用聞的，或者我可能只能找靈媒當對象吧！）

說真的，要求別人透過邋遢的外表看到自己靈魂的美好，不是一種浪漫，而是一種無理取鬧（好吧！雖然我一路也沒少胡鬧過）。別管別人看不看得見，更別等要去見人的時候才要花心思打理。美麗是取悅自己的，如果不小心因此取悅了世界，那也只是順便而已。

親愛的，請為自己美麗。那樣的你，一定會與看見你美好的人相遇。

看見自己的美好比什麼都重要！

培養無論何時何地都為自己而美麗的能力。

選一週進行主題式的打扮，比如：裙裝、西裝、鄉村風、羅莉風等，即便是運動風，也不是把運動服穿上身就好，請仔細每一個細節、顏色與搭配，穿搭出最適合自己的樣子，感受自己在各式不同裝扮下或場合裡的各種美麗。

欣賞在不同場合有著不同裝扮但同樣美好的自己，也練習自在地享受別人欣賞自己的眼光。

回應這個世界

不需要太用力，
只要認真相信自己。

給自己最華麗的Check

自己的價值不需要別人肯定，生命的存在就是一種美好。

我們祝福別人事事順心，也常常祈求自己能夠一帆風順。但一帆風順之所以常被祈求，其實是因為身處不順是一種日常，而不是一種正常。別羨慕在金字塔頂端的人生勝利組，也別羨慕一出生就落地在羅馬，連大路都不用費神去走的人。這世界上有很多人的順風順水並不是天上掉下來的，是因為面對狀況時能理性判斷、精準選擇，所以能順利接下命運拋出的變化球；甚至在能揮棒時，擊出漂亮的全壘打。但大多數人的人生，可能是周而復始不斷反覆的起起伏伏與跌跌撞撞。

當我們面對外在的評價時，常常會覺得自己不夠好；或者，在與我們所羨慕的對象相比之下，會覺得自己極度的渺小，甚至平凡無奇；並且大多數的時候，面對批評指教，不是難過地照單全收，就是憤世嫉俗地覺得這個世界根本不懂我，只能嗟嘆與唏噓。

親愛的，人的價值取決於自我，而非他人的眼光；生命的富足取決於自我實現，而非社會價值的比較基準。只有當我們放大了自己人生的格線，踏實填滿自己的每一個時間點，人生才會因此而富足；只有當我們相信自己，為自己的存在而努力，價值才會因此而提升。接著我們會默默地發現，所有困頓的現在，終究成為過去；而很多揪心的時刻，最後變得雲淡風輕，甚至被完全遺忘而不再想起。

因此，回應這個世界的時候不需要太用力，只要認真相信自己。無論身處的環境或者外在給了我們多大的一個 cross（打叉叉），都要記得，我們永遠有能力成為生命裡最華麗的 check（打勾勾）。

想做什麼，就做吧！記得完成後，打個勾，微笑一下，因為自己已經足夠好；甚至，什麼都不需要做，因為，**生命的存在，就是一種美好。**

肯定自己比什麼都重要！

想一想，介意哪一些批評與指教？他們說的都是對的嗎？你會因此修正自己，還是找出自身的盲點？

自己羨慕哪一類型的人？刪除不可抗的先天要件，對方有哪些後天特質是值得學習？

經過一番理性分析，其實會發現：

所謂的批評，無法代表真實的自己；所謂我們羨慕的對象，其實擁有的條件與能力跟我們差不多而已，千萬別讓非理性與無建設性的言論打擊自己。

真正有價值之物

必經得起時間的檢視；而真正的美，在歲月掏洗後依然耐看。

耐看是因為美得獨一無二

當靈魂豐滿，不需要招張也能有種迷人的靜好。

我站在風中，走過那一段不長不短的回憶，
駐足，巷子裡那幢被時空遺忘的房。
我停在風裡，等著那一襲不快不慢的過往，
凝視，樹梢落下的那抹走錯季節的微光。
於是我穿過現代的冷冽遇見舊時的暖陽。

大寒剛過，溫度卻沒有向上微調。冷冽的空氣，在現代建築的大刀闊斧之下更顯得冰涼。穿過長巷，我走在空氣聞起來都有點刻板的行政區，目的地是一棟沒有靈魂的土黃色大樓。巷子有點長，踩著高跟鞋的我，行進的速度在城市高倍速運轉的步調裡透著一種脫序的緩慢。偶然間，遇見了安靜座落在巷子旁一幢斑駁褪色的房舍，樸拙的模樣在冬日的午後透著一種異樣的溫暖。

我駐足在緊閉的門扉前。這棟建築從廊簷到門板都透露著歲月洗不掉的風雅與時光帶不走的生命力，讓人驚艷！大凡物件本身並不會因為新舊之分而有好壞之別，但是琢磨其中的細微之處，建築者所顯現的獨到用心，依然明晰可辨。所以這樣的物件經得起歲月的磨練，也耐得起時光的考驗。即便淡然，一樣亮眼。

細想生活的一切，不也是如此？但凡經得起細細品味的美好，通常都有獨到之處的用心。**當靈魂豐滿，不需要華麗招張也能有種迷人的靜好。**

親愛的，耐看，從來都不是因為絕美，而是因為美得很有自己的味道。

重新看見生活中的美好，因為那背後隱藏著自己察覺不到的個性與偏好。

可以選一兩天，排入屬於自己的探險時間，放慢腳步，允許自己一段獨處，或者走一段平常走的路，但要留心看看，是否發現有什麼特別會讓自己停留駐足、感興趣的事物，然後記錄下來。

過兩天再打開這些發現清單，想想自己為什麼會對這些東西感到興趣，或許從中可以發現不同的自己。

人生中更多的可能性從發現自己開始。

用自己的樣態存在

別人喜不喜歡……都沒關係。

人生千萬別對號入座

別討好別人的眼睛，請用餘生好好做自己。

週末送別友人之後，在商場買了個線條極簡的相機後背包，也順帶挑了雙鏤空的藤編牛津鞋。購物時，我帶著一種為了遠行而興奮雀躍的心情，想要長髮飄飄、馬尾搖搖……驀然發現我已不再為了美麗而挑東西，也不再為了別人的標準而穿著討好的裝扮，感覺回到了帥氣的自己。

說真的，自認有張長得不大討喜與過分有個性的臉蛋，人生的一路上天殘地缺什麼都有漏缺，不知道為什麼就是沒少上那一份滔滔灌耳的叭啦叭啦，而內容不外乎是怎樣改進才會讓人喜歡的指教：

「唉呀！你就是太有個性，女生才不喜歡你。」

「你看、你看，你就是不夠可愛、不夠溫柔、不夠甜美，所以男生才不喜歡你。」

「你啊、你啊！就是不會撒嬌、不會講好話，長輩才不喜歡你。」

「你就是太強，什麼都會，男生才不喜歡你。」

諸如此類的話語，有沒有覺得聽起來很耳熟？

我的「不完美」，在「管很寬」的人眼裡，簡直是罄竹難書，而從小到大聽了不下千遍的我，對於這些「指教」則是熟悉到可以倒背如流。仔細想來，我確實嚴重不符合人類傳統標準：溫柔、可人、甜美、婉約、細緻、賢慧……更別說跟那一種上得了廳堂、下得了廚房的樣板討喜美女沾上個邊。我承認，如果討人喜歡有標準色卡，我還真的沒有符合的色號。

坦白說，一開始我也不是這麼樣的「耳背」加「音盲」。曾經有一度我也以為如果我朝著這些標準修正，至少可以靠近及格邊緣，那麼就會「被喜歡」。但是後來發現：如果再這樣不斷地修正與調整下去，說不上哪一天我可能就會對著鏡子問：「小姐，你哪位啊？」於是，我決定不再勉強自己套進討人喜歡的標規裡。所幸，長到這把年紀，倒也還是有著那麼幾個單純喜歡跟欣賞我的人種存在，那就夠了；而且，我的人生並沒有因為這樣的「不合常規」就不夠精彩。

親愛的，別討好別人的眼睛，請用餘生好好地做自己。

想想，如果每個女生相處起來都一樣，那該有多無聊啊！同理，若是每個男生相處起來都一樣，那該有多無趣啊！人就是因為有差異而顯得獨特不是嗎？

我們可以擁有決定要不要喜歡一個人的絕對自由；允許身邊的人可以因為喜歡而靠近，也可以因為不喜歡而遠離；或者，根本不需要思考到底喜不喜歡而保持舒服自在的距離。但是，請千萬記得：要勇於允許自己自在地做自己，並能夠欣賞每個時刻的自己，因為那都是獨一無二的無可代替。

請記得，我們成為什麼樣態而存在，從來都與這個世界喜不喜歡我們無關。

愛的彤溫層

認同自己比什麼都重要！

寫下所有你無法苟同的批評指教，然後揉掉、擦掉、忘掉……不管用什麼方法，帥氣地丟掉這些莫名其妙的指教吧！

告訴自己，不需要迎合這些批評，也一定會有人喜歡自己的樣子。

我們肯定需要人愛，但絕對不需要障礙！

樣板很無趣

請讓自己成為獨一無二的限量版。

芭比生產線不缺一個你

請做客製化的限量版，因為我們配得上專屬珍藏。

這時代變化得太快。從前對於一個好女人的基本要求是：出得了廳堂、入得了廚房、賢德善良。在現代，除了前述要件之外，還得外加長相美如仙、腹部有人魚線，不僅上得了工、賺得了錢，還要遇事不慌、打得了流氓⋯⋯（如果可以一直往下加，肯定清單會超過一百個以上）。說真的，在這個化妝就跟施展易容術一樣的時代，想要學會任何變美技能只要谷歌一下就能搞定。（如果一下搞不定，就兩下吧！）看起來不美的人真的是越來越少了。我們動不動都能在路上撞見個超級天菜，隨便刷個臉書都至少能夠看到十個以上的網美，IG上充滿了女神、男神與網紅。突然間，一直以來的美感，被迫進入了一種麻痺狀態。

仔細想想，這的確是個容易獲得卻也令人挫折的年代。在以前，我們只要努力成長腦袋，就足以應付世界的變遷，現在連外在都要認真拚搏起來。彷彿顏值與身材就是幸福與美好人生的絕對保證一般缺一不可。

平心而論，如果打扮是因為自己開心，那是一件很棒的事；如果化妝是因為自己想要看見自己美美的樣子，那也是很好的。但是如果打扮淪為一種美妝競武，或演變成沒有化妝打扮就沒有安全感的狀況，那就值得三思了。就像我覺得從事運動很好，而健身也是超值得推薦的一項活動，但如果穿上全套運動服裝只是為了在健身房打卡，以顯示出對社會趨勢的合群或想要營造出正面積極的形象；甚至只是因為隔壁的同事剛好瘦成一道閃電，那就真的免了。

我們都知道，明星出場碰到最尷尬的狀況就是撞衫、撞鞋或撞包，但怎麼我們就那麼渴望成為某個樣板下的標準模樣？而且，就好像生產線的品管檢查都要合標才是良品一樣，我們也拿著專家、教練、成功人士與社會價值在檢視我們的好與壞，然後用盡心力，變成一個「一點也不具特色」的自己。這樣真的值得嗎？

面對這種近乎偏執地對美追求的狂熱，不知道為何讓我想到了成排的女生在生產線躺著，通過了美顏、身材雕塑、時尚品味，變成一個個幾乎一模一樣的芭比；接著擺在漂亮盒子裡，還配上一點小附件，放在架子上，等著被人青睞、挑選、帶走，最後迎向新生活。

親愛的，別把自己擺進生產線，更別急著成為成千上萬的芭比或者是肯尼當中的一員。當我們處心積慮成為絕對符合社會標準的俊男美女之後，隨之而來的會是我們期待的人生嗎？外在真的能保障幸福快樂嗎？

這讓我突然想到前一陣子在 LINE 裡很流行的「親愛的，我掉了仙女證怎麼辦？」的遊戲。我承認，我不大有這方面的困擾是因為我活得太接地氣了。如果要申請「仙女證」應該會被駁回。而我也不想當「人魚線公主」，因為自己的小日子也過得相當的「腹足」。我明白自己雖然不符合漂亮的標準，但有極高的鑑別度，我因此而感到滿足。可能有人會覺得我這是吃不到葡萄說葡萄酸，因為橫豎也不可能變成芭比、公主或正妹美女。但其實，我要偷偷告訴大家一個祕密：葡萄真不是我的首選，我比較喜歡吃櫻桃跟火龍果。

身為美好事物的愛好者，我跟大家一樣，當然也喜歡看起來賞心悅目的事物，而以上論點，也不足以構成支持大家過上怠惰邋遢生活的理由。坦白說，我只是對「樣板美」疲乏，更對病態的外在完美標準覺得膩。**完美很無聊，樣板很無趣**。所以，千萬別讓他人拿世俗美的標準加在我們身上，我們只需要為自己想要的美麗而美麗，為自己想要的帥氣而帥氣。**別成為量產的盜版，請成為自己的限量版**。管他芭比還是肯尼，讓我們成為自己。

愛的形溫層

為自己寫一份品牌行銷計畫：

想一想，如果自己是一個品牌，會給自己取上什麼樣的名字？

有什麼特性？想要傳遞的理念又是什麼？

如何在市場上異軍突起？

換個角度思考，將能更了解自己的優點。

當自在做自己

相遇，就會在最美的時刻，因為
你是獨一無二。

拒絕開成別人眼中的花

只要自在做自己，何時相遇都是最心動的時刻。

《一棵開花的樹》──席慕蓉

如何讓你遇見我
在我最美麗的時刻
為這　我已在佛前求了五百年
求他讓我們結一段塵緣
佛於是把我化作一棵樹
長在你必經的路旁
陽光下慎重地開滿了花
朵朵都是我前世的盼望
當你走近　請你細聽

那顫抖的葉是我等待的熱情
而當你終於無視地走過
在你身後落了一地的
朋友啊　那不是花瓣
是我凋零的心

席慕容曾寫過一首膾炙人口的詩，或許正在翻閱這本書的你，記不得這首詩的名字，也記不全這首詩的全文，但是詩文開頭的那幾句，總能起一抹熟悉。這首詩曾經紅極一時，也是我最喜歡的詩文之一，即便到了記憶崩落的現在，這仍舊在我能默出的少數詩句榜中佔有屹立不搖的地位。

在那段年少為賦新辭強說愁的年紀，純屬於青澀的年歲夾帶著未諳世事的天真，也尚未經過社會的歷練，因此對於情感有種失衡的浪漫。當時覺得這首詩很美，讀起來是甜的、充滿憧憬。美到我曾經也祈求自己能以最美的姿態與所愛的人相遇。於是，我和多數人一樣經歷了「變成一棵樹」的過程，當然也免不了那心碎一地的經歷。輾轉幾回，這首美麗的詩在我的人生中落實就變成了……

如何讓你遇見我　在我最美麗的時刻
為這　為了成為你眼中的驚艷　於是我拼命的美麗
掩蓋我的傷疤　遮住我生命的印記　剝掉身上的荊棘
學習著你喜歡的樣子　做著你喜歡的事情　練習著你喜歡的反應
但是　終究我成了沒有個性的自己
你說我太容易　太簡單　太沒有挑戰

如何讓你遇見我　在我最美麗的時刻
為這　為了讓你停留　捨棄了自由
像樹一樣守著　只盼能成為你短暫的停靠
為這　為了讓你停留　我拼命成長　希望能夠為你遮住風雨
我拚命開花　希望能夠燦爛你的生命
但是　我終究成了凋謝的花葉零落成泥
你說我太無趣　太認真　太乏味

親愛的，當我們努力成為對方眼裡的美好，卻失去了自己的模樣，終究還是無法留住目光，更無法得到愛。在經過了刻骨銘心、撕心裂肺、沮喪與挫折，深信愛情的我們，或許現在依然會想著，「如何讓你遇見我，在我最美麗的時刻？」為這，仍舊會低喃祈禱，在佛前求祂讓彼此結一次塵緣。但我們不需要再等待一次回眸，我們也不需要再守候可能的停留，因為我們不再祈求成為不屬於自己的我。

走過幾回愛情的我們終究明白了，我們不需要為對方開花，也不需要為對方堅強。**當我們自在做自己，相遇就會在最美的時刻**。人生走過很長一段分分合合，到了最後才懂得：天地間沒有所謂的完美，才因此成就了各自的特色。正因為不完美所以可愛；也因為殘缺所以能容。每一個美好必定能與欣賞的眼相逢。即便沒有那又如何？

親愛的，我想跟你說：無論我們是否在生命的某個焦點與另一個人相遇；無論對方看不看得見自己；無論自己在對方眼中是什麼模樣，**我們都是獨一無二的自己，每個時刻都擁有自己的最美麗**。

愛的彤溫層

想一想，希望自己能以什麼樣的姿態遇見愛情？

寫下什麼樣的狀態下自己最美也最自在，距離目標狀態又有多遠呢？

另外，思考需要怎麼做才能達標？

實踐，永遠是確保目標可以達成的王道。

LOVE IS THE ONLY LANGUAGE I SPEAK FLUENTLY.
-TrustyScribe

第三章

豐足，來自感受愛的每種面貌

在愛裡成長，看見心因此而強大。

親愛的，活著不是為了要為了等一份愛，而是為了能擁有能愛這個世界的力量。

愛

是支持對方成為他自己的樣子，並且，欣賞著。

互相成全能讓愛成長

幸福不是割捨夢想去成全對方，而是讓彼此在愛裡成長成自己想要的樣子。

跳舞的人絕大部分聽過 Millennium；而其中一定有一部分上過 Millennium 的課程。Millennium 在 L.A. 是數一數二的舞蹈教室，課室中擠滿了來自世界各地進修的專業舞者、舞蹈教師與夢想成為舞者的狂熱靈魂。像我這樣業餘的路人，可以說是一種異類的存在。並不是說這裡不接受沒有舞蹈基礎的人，相反地這裡非常鼓勵所有不同領域的人來感受舞蹈帶來的快樂。只是，這裡進修的對象，大都已經在自身領域算是 pro 級的人了，所以可以看到平常在臺北一個八拍的動作，在這裡可能會被拆成三十二個動作來跳，既瑣碎且複雜，卻又一氣呵成。當然身為路人的我要能夠跟得上，真是很艱難。

於是，相較於可以一整天從第一堂跳到最後一堂的專業舞者，我這個路人多了很多的「空堂」，得以享有在樓梯上以最佳視角觀賞大家精湛舞姿的特權，以及難得的放空。通常這種「專屬」時刻，除了課堂傳出的音樂聲，不會有其他。

「媽媽呢？」

一個稚嫩的聲音引起了我的注意。抬頭一看是個約莫五歲娃娃般精緻的孩子。雖然在這裡來去的人很多，也不乏有五歲的小孩在學跳舞，但是這麼小的孩子還是很少見。

這個如天使般乾淨可愛的小男孩是個日本孩子，略帶吃力但又很努力地爬上樓梯，就為了可以更清楚地看到在教室裡面上課的媽媽。可能是為了要讓他分心，也可能是因為難得來一趟，身著父子裝的爸爸牽著他逐一地跟他說明教室牆外的照片，而小男孩雖然順從他被帶著走，但眼睛卻依舊專注地緊盯著透明窗。

一直問：「媽媽在哪兒？」

不斷地嚷著：「我要看媽媽。」

坦白說，在一群舞動的人裡要找到媽媽，對小男孩來說真的頗為困難。

我盯著他們好一會兒。當爸爸發現孩子無心隨著他對牆上的照片巡禮，整個專注力只在媽媽身上時，也只好靜靜地陪他站著用眼睛尋找自己妻子的身影。突然間，小男孩好像看到媽媽了，父子兩人就這樣定住了，專心地盯著教室裡的人影。他們聚精會神的模樣，變成了這休息區裡最美的風景；而看著兩個人的我，分外地覺得感動。

或許，所謂的愛，不是希望對方成為自己想要的樣子，而是支持對方成為他自己的樣子，並且，欣賞著。

當遇見愛，多數的人選擇犧牲自己成就另一半。但親愛的，不是誰割捨了夢想去成全誰才是愛，不是犧牲一切才能換來彼此的幸福。**幸福，是能在彼此的愛裡成長成自己最想要的模樣。**

愛的彤溫層

成全彼此比什麼都重要！

花點時間跟另一半討論自己真正想要做的，並且商量出一個可以讓彼此都達到自我實現的方法。

若是單身的你，更有足夠的時間思考自己真正想要做的，並且在遇到人生伴侶的時候，告訴對方你需要哪些支持。

學習在愛裡平衡與一起成長是比學會說「我愛你」更重要的事。

愛，不是我把你當王子

或者你把我當公主款待，而是我看你的時候，你的眼裡也剛好有我。

試著不要愛得太用力

愛情裡的舒適不是有求必應，而是我不必奮力抬高脖子也能看見你。

張愛玲說：「女人對男人的愛總帶點崇拜。」我相當認同這句話。不過關於「崇拜」這回事，我認為男女一體適用。基本上，只要是普世價值裡的男神或者是女神，總是擁有那令人不自覺抬頭仰望的角度。當周遭有人牽著女神出門或挽著男神的手上街，總會引發眾人艷羨不已的回應。於是這些「神族」的下巴角度，又因此抬高了幾分；而崇拜者們仰望的脖子，又跟著伸長了些許。

如果剛好自己的愛人是個「神級人物」，而對方又剛好很愛你，那麼就是個完美的現代版童話故事。但是，如果一段愛情自始至終，都只有仰望崇拜的情節，沒有其他的峰迴路轉，那麼結局也是可以預料的：除了跳脫不掉的一路進貢朝拜，最終難免走到以淚水祭拜回憶的 ending。

說真的，要仰望一個人一時很容易，但是要仰望一個人一輩子卻很難。這種條件的構成，必須要雙方一直都處在極端「不對等」的狀態。當對方要具備「被仰望」的能力時，就代表對方成長的速度要比仰望者更快一些，而且還必須一直保持著這樣的成長幅度，其實非常地辛苦；而仰望者也必須一直不斷與被仰望者保持一定的距離差，一旦差距縮小了，就破壞了「崇拜」所建構出來的微妙平衡。想想，如果原本「骨灰級鐵粉」突然間發現自己有超越偶像的能力，抬頭的角度與頻率就越來越低，甚至到最後轉移目標，改為崇拜其他人。

這種情況套用在愛情裡也很常見。我想一定有很多女生在跟男友交往過一陣子之後，忽然湧現：「怎麼原先讓自己神魂顛倒的人，好像也不怎麼樣了」的念頭；或者，好不容易打敗眾多對手追求到的心儀女生，卻在交往一陣子之後冒出：「到底當初為什麼鬼迷心竅」的疑問，那就是標準的仰望者其成長速度高過於被仰望者。

再者，愛情若僅建立在表象的崇拜，一但吸引目光的要件消失了，那愛就不復存在了。就像偶像大崩盤、性感女神發福走鐘，或者帥氣男神禿頭大肚……換來的絕對是粉絲大噴飛。到底從什麼時候開始，王子、公主、男神、女神……成了在愛情裡、甚至是生活中的必要專有名詞？多數人要嘛希望自己的另一半是這樣等級的人，要不然就是汲汲營營於成為這樣的人。疏不知，除非剛好兩個人一直都保持著這樣的 top 狀態，不然愛情勢必難有美好的結局。

親愛的，愛情裡的門當戶對，有時候講究的不光是家世背景與環境而已。**最舒適的愛情是：我不必奮力抬高脖子也能看見你。**當兩人一起成長、一起看往同一個方向時，彼此回頭相視而笑，會發現你眼中有我的美，我眼中有你的好，而這是仰望時永遠無法感受到的。

面對現實比什麼都重要！

檢視一下自己對於愛情是不是單純出於想像。寫下原本的擇偶標準（包含內在與外在），越仔細越好，再比對另一半是不是符合自己的想望。

若未能符合，為什麼仍舊牽著對方的手？是什麼決定了你不放手？

幸福的第一準則就是：認清即使對方條件再好，都不能確保幸福。

再多甜言蜜語

都遠不及把你放在心裡與未來裡。

愛就是我的希望裡有你

最棒的承諾不是我愛你，而是我會把你放在我的希望裡。

那一年冬天，女孩帶著男孩一起去放天燈，天燈冉冉上升……
男孩問：「為什麼你想放天燈？」
女孩說：「因為我把想要的都寫在上面了。」
隔一年夏天，男孩帶着女孩一起去坐熱氣球，熱氣球緩緩起飛……
女孩問：「為什麼你想坐熱氣球？」
男孩說：「因為我把想要的都放在裡面了。」
對於愛情，我始終保有一點點浪漫的天真，我相信，總有著那麼一個人，會把我放在他的希望裡，帶著一起緩緩升空。

雖然這聽起來很傻氣，但卻很實際。曾經我也和大部分人一樣，一定要聽到那一句「我愛你」，才能感受到對方的心意；一定要聽到「我想你」，才能感受到對方有洶湧的思念。但遇過了幾段感情後，才發現：原來真正的愛並不存在嘴巴裡，再多甜言蜜語都不會替幸福加分，只有真心才能確保幸福。

坦白說，我在感情這方面很鈍。若有「感情白痴」比賽，我想我應該有足夠的實力可以站上凸臺。從小到大，每當有男生對我好，我總會分不清楚到底對方只是把我當成好朋友，還是對我有意追求，所以多數時候會以對方有沒有「告白」來當作一個判斷的依據。

告白金句百百款，最能打中人的當然就是這句「我愛你」囉！我這種判斷準則完全符合大多數人確認感情的方式—總是要從對方的嘴裡，而不是從對方的行為舉止裡來確定。所以才會動不動就要問對方，「你愛我嗎？」「有沒有想我啊？」好像只要聽到對方說「我愛你」就真的是愛了；彷彿對方說「我想你」的頻率越高，就代表真的對自己的思念越深。但真的是這樣嗎？

親愛的，用情的深遠與誠摯，並非絕對和甜言蜜語成正比。判斷一個人是否言行一致，不僅是要「聽其言」，更要「觀其行」，看他有沒有把你「放在他的希望裡」。或許你會問，這種「虛幻」的想法哪裡實際了？其實說穿了，道理真的很簡單，想想：通常一個人所許的願望肯定都會是自己最想要的東西，對吧？而一個人如果可以把你放在他的願望裡，那也就代表了他的未來規劃裡有你，你是他最在乎的！

請堅定告訴自己，一段擁有未來的感情，才是最真實的。

愛的形溫層

想一想，你的另一半常常跟你說的是情話，還是未來？

對方的未來裡到底有沒有你？你的未來有把對方算進去嗎？

如果都沒有，小心！這可能只是一場隨時會結束的偶像劇。

靜夜星空

之所以美麗，不是因為璀璨的星子，是因為有你。

陪伴是最珍貴的禮物

我無法陪你一輩子，能夠允諾的只有「期效是一輩子」的美好回憶。

親愛的，如果對著星星許願能成真，我希望你永遠記得我牽著你的手看星星的那一刻，我的手裡有你，你的手裡有我；如果可以，我想把這世界上最美的一切都帶到你面前。

我知道夜裡有點冷，星星對你而言有點遙遠。但我感激我們這麼近。你的眼裡映進了最燦爛的星光，而你的耳裡有我最澎湃的心跳。

所有美好的景物之所以令人刻骨銘心，都是因為在當下有重要的人相陪。當小小的你，努力一步一步踩上臺階，微微喘息地抬頭仰望天空，剎時你綻放的笑臉比任何一顆星子還要亮眼。這就值得了一切。

順著你的手所指向的不只是難得一見的美麗星空，而是我期盼的歸依。我希望這一方璀璨，能帶給你難忘的幸福感；我祈求點亮你眼眸的星火也能夠照亮你的生命。天空帶著一股潑墨的美感，漫撒的星子幽靜地發出光芒，我滿溢胸腔的話語全化成了默默的相伴。我雖不語卻有情意千縷，此時的無聲勝過萬言。或許在多年以後，你會有機會聽著 Vincent 哼著 starry starry night……在那樣優美的旋律下回想起好久好久以前，曾經有這樣的一個夜晚，我們一起在山上凝視著靜夜星空的璀璨。

親愛的，我希望你能保有第一次看到漫天星空的感動。在你滴溜滴溜的眼眸裡，有星星的閃爍；在你噗通噗通的心跳裡，有星星明滅的節拍；甚或在多年以後，你仍能記得這片寧靜的夜，有漫天璀璨的星星，有涼涼的霧雲，有冷冷的空氣，還有我暖暖的胸膛與雙手。

愛的彤溫層

這張照片記錄了一個美麗的偶然。那一夜我正在阿里山國家公園旅遊中心的屋頂上觀星。實值初春季節，兩千公尺以上的山，溫度顯示四度。我一個人靜靜地呼吸滿腔沁涼，靜靜看著星空。原本以為不可能再有人跟我一樣大半夜在平臺上，沒想到卻聽見了有人上樓的聲音……

「小心喔！一、二、一、二……」

循著樓梯口的光，我看見一個小小的、圓滾滾身影被爸爸牽著，正吃力地一步一步往上爬，媽媽緊跟在後。看著爸爸耐心地帶著孩子一個星座一個星座的說明，我被這一幕感動了！

離別再所難免，父母無法陪伴孩子一輩子，但我相信，這孩子一定會記得那一夜爸爸那一雙溫暖的大手、媽媽甜美的聲音，以及那一夜鑲在黑幕的璀璨晶亮。

愛裡的痛苦糾結

往往不在於你好不好，而在於你們對彼此的愛沒有剛剛好。

恰如其分的剛好

所謂的「醍醐味」沒有什麼奧祕，只是一種不會太鹹、不會太甜的剛好。

四月的最後一天，為大家點播一首傷心的歌，歌聲很甜，曲調很美，但是，很哀傷……

「你說我真好，真的很好，有好的情人要幫我介紹。可是我真的那麼好，為什麼你不要？為什麼不要？……我站在街角，看著心酸走來，幸福走掉。」

喜歡得好卑微，愛得好心酸……一首心碎的歌，卻唱得如此甜美，讓人聽得想掉眼淚。

之所以分享這首歌，是因為那天你問我：「那麼喜歡他，喜歡到可以給他任何他想要的一切，喜歡到心都疼了，但他卻看不到？是不是因為我不夠好？」親愛的，雖然很殘忍，但是我還是要告訴你，**這世界上最廉價的就是沒有底線的好跟永遠不會離開的人**。「因為理所當然，所以不會珍惜」是人性。為什麼他看不到？不是因為你不夠好，而是因為你太好了，好到他覺得被喜歡是一種理所當然；被關愛是一種理所當然，所以你承受一切的心疼不捨與迷戀，是理所當然。你最大的問題，就在於你太好，對對方太好；你包容對方一切的怒氣、無理、冷淡與疏離，讓對方覺得你永遠都不會離開；你可以因為對方一句話拚了命的努力，也可以因為對方一句話而心碎一地……但坦白說，對於一個不管自己如何對待都會一直在的人，鮮少有人會掛在心上的。雖然殘忍，但很真實：你越好，他越不上心。

「有人對你好，不是應該要珍惜嗎？」

是啊！弔詭的就在於，人對於太輕易得到的東西都不會珍惜。就好像有人免費送你一個愛馬仕的限量包，你的第一個反應可能是：「這是假的吧！」就算知道是真的，通常不會愛惜太久。因為是免費的，不會覺得心疼。但如果是自己攢了三五年才買到的包，肯定拿著怕刮了，擱著怕磨了，總是小心翼翼地寶貝著。

就算再愛一個人，也不要將自己的感情雙手奉上，因為被糟蹋的機率大過於被珍惜。你問我這樣的想法會不會太負面？不，這是實際經驗，並經過再三驗證之後的結果。所以，乖，別傻了，他其實沒有笨到看不到，而你也沒有笨到不知道，說穿了，就只是「他其實沒有那麼在乎你」，又或者「他其實根本不喜歡你」。他根本不在乎你有多好；他在乎的是他費盡心思的人好不好。

說得再殘酷一點，你的存在對他來說沒有意義，只是看你什麼時候願意承認這不過是錯愛一場罷了。你因為他輾轉反側，因為他失眠掉淚，因為他心疼不捨……你以為他會跟你一樣，很抱歉，他甚至不會有任何想法，因為你們在愛裡的對待，從來都不曾在對等的位置上。

你這種自顧自地迷戀，雖如同茉莉花的曲調一樣甜美，但亦如歌詞裡描述的一樣傷悲。即使你拚了命讓花綻放，豔了一整個春天，他也不會多瞧上一眼；就算你受盡風霜，花落成泥，他也不會皺一下眉頭……在不愛自己的人眼裡，你的好壞喜悲都與他無關，他沒有給你任何相對的回報也只是剛好而已。

親愛的，如果哪天你遇到了一個讓你仰望的人，請確保他能看得見你眼中的星光燁燁；如果哪天你遇到了一個想真心待他好的人，請確認自己的真心不是誤會一場。**若是沒有被珍惜，那就轉身走吧！**因為珍惜你的人，才值得你用心珍惜。

愛的彤溫層

在愛裡有衝突時，只要做到以下兩件事就好：

第一、面對事情的時候，只討論事情本身，不要討論感受；

第二、別在第一時間檢討自己、甚至苛責自己不夠好；好不好不是被愛的基本條件。

「換換愛」只會出現在偶像劇裡；愛無法對價也不能等值計算，別寄望付出多少就能得到相對回報。

培養共感力

不會讓自己堅強，但可以讓這世界多一點柔軟。

培養生活共感力

每個人都有自己的不容易，沒有誰該活在誰的理所當然裡。

英文裡有個片語很有趣，叫做"in one's shoes"。我記得幾年前有部外語片的片名也是套這個片語，就叫"in her shoes"，中文譯名是「偷穿高跟鞋」。當然，會這樣翻譯是跟劇情有絕對的關聯，但，這個片語真正的意思跟「偷穿」是沒有關係的。

in one's shoes 是「設身處地」的意思。在一般情況下，當我們看別人曼妙的舞著，總是覺得輕鬆不費力；只有當我們穿著別人的鞋時，才會知道別人優雅站著、流暢走著的時候，腳是不是不舒服、是長了水泡還是磨破了皮。所以這個片語的涵意是：「設身處地為他人著想」也就不難理解了。在現實生活中，我們不用真的穿別人的鞋，但期許都能設身處地為他人著想，至少，別覺得什麼都理所當然。

所謂的「理」，究竟是誰規定的呢？生活中充斥很多「因為你這樣，所以你就是應該要那樣」的「規矩」。其實我不大明白，為什麼胖子一輩子就該要圓滾滾？為什麼沒有學歷的人，就不能有大成就？為什麼經歷過悲慘際遇的人，就不能笑得燦爛如花？嘿，答應我，別端著婆婆的心態要求媳婦一定要過一樣的人生，我們並沒有活在延禧跟如懿的年代；這世界上根本沒有什麼是理所當然的。

是的，人生沒有那麼多的理所當然。至少，別人不應該活在我們的理所當然中；我們也不應該活在他人的理所當然裡。雖然人生一定有高峰低谷，境遇也有一定的好壞優劣，但是若把計算你我餘生的刻度拉大，重新調整聚焦的點，我們會發現：其實我們都有能力過得比過去更好，甚至比曾經想像的更好，這一點無庸置疑。

坦白說，這世界很有趣。關於我們的成長，不管在哪一方面，都會有人真心全意地替我們開心，當然也總有人無法接受我們越來越好的事實。**不管是**

哪一種，我們一定要相信自己具有持續美好的力量。

親愛的，我們腳型不同、尺碼各異，而且，喜好不一。自己的人生重點是要自己覺得好不好，是吧！至於其他，參考就好，不參考也無妨。沒有人有權置喙他人的人生，因為在現實中，我們並沒有穿別人的鞋子在過自己的日子，當然也別硬要別人穿我們的鞋過生活。

穿好自己的鞋，也欣賞別人穿鞋的模樣吧！同時，也請記得別硬接他人給你的「二手鞋」，然後死活不管地強套在腳上。因為，你不是「灰姑娘」，即使勉強穿上它，也不會有王子接你回家的。

感受世界是重要的，我們可以培養共感力。

面對介意的事情，請寫下自身感受，然後，再嘗試用另一個角度去寫一次，或者站在對方的立場去判斷。

用不同的面向去感受事件，會發現每個人都有不同的為難，當能讀懂別人的不容易，對於這個世界就會寬容幾許。

當心磕出破口

可以傷心難過，但請別忘記自己有足夠的自癒能力。

學習心碎復甦術

即使再小心翼翼，心總有被磕傷碰破的時候。
動手DIY修補吧！因為，等待並不能使生命圓滿，但行動可以！

今晚的聚會是高級餐廳的自助餐晚宴，照例在餐宴的最後，會用甜點來為美好的味蕾經驗做一個畫龍點睛的總結。經過擺著琳瑯滿目的蛋糕與甜品的冷藏櫃、盤架，平臺上層置放的細緻心型蛋糕吸引住我的目光，於是我小心翼翼地用餐夾把蛋糕固定，輕輕地夾起。但是儘管動作再怎麼輕柔緩慢，還是免不了磕磕碰碰的，待那一顆完整的紅心落到我的瓷盤上時，稀零地掉了不少的鮮紅，多了個殘缺的破口。果然越是在意就越容易出錯。

望著那顆心，我覺得可惜，怎麼就沒有辦法把這顆心完整地帶走呢？

如果說這世界上有全球易碎品排名，那麼名列榜首的，大概會是每個人厚實胸膛裡所裹著的那一顆心吧！一旦破損，修復期所耗掉的時光超過想像。但誠實說，世間無常，並不可能存在著有那麼一顆從未曾受過傷的心臟。雖然人生說長不算長，但說短卻又沒有短到轉瞬即失，經歷過的也很難能夠過眼就忘。一路走來的顛簸難免，更少不了跌跌撞撞，試問誰的心，沒有著那一兩道的裂痕？又有哪個人的人生，沒有著那些許的破缺？

或許，這世界上並不存在完全沒有缺憾的生命脈動，所以才會每個心跳的頻率與速度都不相同；也或許我們都曾頑執地等著有朝一日出現的那麼一個人，可以修補受損的心。可是，如果沒有出現那樣的一個人，難道我們就不能再享受心臟因熱情而搏動的喜悅嗎？

其實，即使心有著幾許碎痕也是挺美的。只要心還跳著，就足以過著熱情的人生。如同被我所青睞的這顆心型蛋糕一樣，雖然碰出了個缺口，感覺似乎不完整了，但是，美味卻不曾因此而稍減。

如果真的需要讓受傷的心再恢復原來的樣子，Do it by yourself. 我們不需要等待不知何時出現的那一個人來拯救自己的靈魂、完整自己的生命，與修復自己破碎的心。親愛的，別再等待，好好享受 DIY 的修補過程吧！真正的修復與強健還是要靠自己，請好好善待自己的心，因為**等待並不能使生命圓滿，但行動可以。**

愛的形溫層

你的心也受傷了嗎？沒關係，要相信完整自己比什麼都重要！

我們可以定期的對受傷的自己進行心肺復甦術；自己的靈魂自己救，不需等待別人來拯救自己的人生。

請記得：取暖無濟於療傷，只會讓傷口更惡化。

第四章

幸福，源於珍惜每個當下

別傻了，幸福來自頻率度而非強度。

能夠一直幸福的祕密來自生活中一點一滴的累積。

親愛的，我們活著不是為了要緬懷過去和期望未來，而是為了好好的感受每個現在。

等待不一定能得到圓滿

可能只有遺憾。走吧！生命中的美好時刻自己就能決定。

別把最美的時刻浪費在等待

能做自己的陪伴是一種溫柔的堅強；能自己追求美好是一種動人的力量。

流星雨啊……眼睛盯著螢幕跳出來的流星雨報導，我當下就決定開車上武嶺去觀星，完全沒有任何猶豫。坦白說，一個人開車上合歡山，最難的不是山路險峻或者濃霧漫漫，這其實與駕駛技術無關，不容易的是……我終於決定不等任何人陪我一起上山。

這很難嗎？真的很難！因為**我們都太習慣陪伴**，從小上學、放學、上福利社、上洗手間、上街買東西、上餐廳吃飯……都一定要呼朋引伴。就算沒有一群人，也會有那麼一兩個固定的人，要不是閨蜜、兄弟，就是男女朋友之一。因為若沒有伴，獨自一個人會顯得異常孤單、奇怪與不合群。

漸漸等到了一個年紀之後，朋友們都有了自己的家庭，或者因為工作而各分東西，慢慢地要相約出門變成一件很難的事。於是「特別的時刻」往往在左等右待之下就錯過了。然後就開始不斷累積很多的「三缺一」，或者「X缺Y」的遺憾。總等著有那麼一天會有時間，可是等待不一定會圓滿，甚至永遠都等不到那一個缺席的人。

我曾經也是高度社會制約下不習慣自己一個人出席任何場合的害羞內向小女生，雖然穿戴著漢子的外表，但一個人走跳卻非常不自在。等到了脫單的年紀，去哪兒都不是因為時間或預算，能不能成行都取決另一半想不想，或者對方有沒有時間陪自己，於是身體裡漸漸被內建了「沒有他人同意陪伴，我們就不能去」的程式。接著便一樣又開始著周而復始不斷累積遺憾的循環。

一直到後來我才明白，**人生的精彩，不要浪費在對別人的等待**。雖然回憶裡對於一地的眷戀，除了風景，往往是因為陪伴一起的人；但沒有陪伴的人，不代表自己就不能享受生命的美好。**請告訴自己，自己就是自己一輩子最好的陪伴。**

這場流星雨讓我想起前兩年，我也曾一時興起想上山看流星雨，不過友伴拒絕了我的提議，而不愛勉強人的我也就沒賴著對方帶我上山去。但那一晚心頭籠著期待落空的薄薄遺憾，揮之不去。

昨夜在武嶺上，我一個人靜靜站在滿天星斗下。身邊成群上山追星的熱血魂，不是同學好友，就是情侶家人，而我是唯一一個自己上山的，或許也有唯二三四跟我一樣享受孤單美好的人，但我沒遇到。身為一個標準路人，我在歡笑聲與驚呼聲中一起同樂，沒有孤寂與格格不入的感覺。看著滿天星子突然有所感悟：因為我不是沒人陪所以一個人，而是我想要一個人所以一個人，就這麼簡單而已。在我意識到這個事實的當下，心情比看到流星劃過天空還雀躍。

親愛的，終於，我不只是擁有一個人旅行的能力，而是真的能夠享受一個人的快樂，並明白了**自己才是能決定自己生命美好時刻的人**。

還記得以往一個人到國外旅行或者在島內開車到處跑時，最常碰到的對話是：

「你一個人來啊？」

「對啊！」

「你好勇敢喔！」

對於這樣的讚美，我常常抱以微笑，說聲謝謝。

雖然我不知道為什麼女生一個人出門很勇敢，可能是安全上要考量的比男生多上很多吧！但我明白，能做自己的陪伴，不僅僅是一種堅強；能自己追求美好，更是一種動人的力量。

實現自己比什麼都重要！

就行動吧，回應當下的每個想望，把握住每個追求美好的機會，機會不等人，我們也不需要等。

餘生既短且貴

只要我們的肩膀可以扛得起責任，請好好「任性」過日子。

把握既短且貴的餘生

任性從來無關金錢，但跟是否能承擔責任有關。

「一個人」或許能給予的就是一種隨心與隨性的自在生活節奏。對於我現在的生活模式，不少人有很多好奇，當然也免不了會被朋友叨唸個兩句……

「你這傢伙很任性欸！」

「喔？還好吧！」

「沒錢還可以這麼任性。」

「任性跟有沒有錢有關嗎？」

很常聽到人家這樣問我，我的回答也都大致相同。或許朋友們對於我任性的答案不能苟同，但沒有關係，因為我知道我們對「任性」兩個字的定義很不相同。

就字典裡的定義來解釋：「『任性』一詞是指不受拘束，自由自在。」但說真的，若真能達到這樣的任性境界，那真是一種上天的祝福。因為一般人在世俗成規與普世價值的緊箍咒加持下，能夠做到不受拘束的自由自在，真是要比立馬瘦成一道閃電還困難。

但這說穿了其實也不那麼難。尼采認為：「自由就是一個人有承擔責任的意志。」因為人的意志是自由的，所以必須承擔責任。任性，並不是個可以無限上綱的詞，想要任其性，放其心，都要以不影響他人並能夠自我承擔為原則。

常聽到有人把「有錢就是任性」這句話掛在嘴邊，對於這個說法我能夠接受，畢竟有錢人想怎麼做就怎麼做，只要錢能解決的都不是問題。但不管有沒有錢，要做到真正深度的任性，並不是想要買什麼就買什麼，想要吃什麼就吃什麼，或者想去哪兒就去哪兒這樣表象的任性。

我所認同的「任性」，是任由自己的個性、渴望與喜好，在不受拘束的狀態下，能用自在的心去得到；任性是一種意隨心轉、行隨意動的自在，而這一切都與金錢、他人以及世俗無關。

對我來說，任性比較像孔子說的：「七十而從心所欲，不逾矩」，雖然我離七十歲還很遠。通常我的基本底線是「任性而為，但不妄為」。因為隨心任性並不是一件容易的事，要把持與控制的範疇比想像的要多得多。想要任性必須得要掂量自己的能耐，能夠不製造別人的困擾又能從容以對。

任性從來都跟有沒有錢沒有關係；任性的幅度跟成熟度及責任感成正比。有錢不一定能任性，沒錢也不一定不能任性，端看選擇的任性是哪一種；還有，最重要的是，能不能「當責」。

親愛的，可曾在夜深人靜的時候停下來聽聽自己心底的聲音，發現自己真正想做的事情，然後，好好地為自己的渴望踏實地任性一回？

任性吧，人生很短！**當我們的肩膀扛得起任性，那麼任性便是一種美好人生的催化劑。**

愛的彤溫層

給自己一段寧靜的對話時刻，探索自己真正想要做的事情。

請丟掉社會的價值觀與「自我跛足」的心態，就單純想想自己願意花多少代價去滿足自己的任性？有沒有辦法扛得起任性的結果？如果可以，任性何妨？

只要花點時間規劃，任性除了可以盡興，也能按部就班的水到渠成。

如果有第二次機會

請牢牢抓住，過好自己想過的人生。

重要的不是結束而是開始

把每個時刻都過得充實，何時結束生命好像也沒那麼重要了。

你一定很掙扎吧！我可以感受到你滿出來的惋惜。我明白人生中有很多事情，如果錯過了，就不會再重來。所以，才會有那麼一句：「得不到的最美。」雖然遺憾總是最讓人回味，但這種年少的浪漫，如果重置一下時空，在今天有了同樣的機會並存在著同樣的條件與限制，而拿到這張牌的你已經老了近十歲，你會捨棄這張牌？還是緊抓著這得來不易的 Second chance ？

前幾天你雀躍地跟我說，有某局處所正在應徵一個管理職。你說你很喜歡那個工作，覺得應該是一個充滿樂趣的工作。身為好友的我很替你高興，所以鼓勵你去，但你又訕訕地說：「可是差一個職等誒。」然後再問我，「如果是你，你會怎麼選擇？」

坦白說，如果單純就位階來看，差上這麼一個職等，再加上最高上限的加給補助，所損失的收入應該達到兩三萬之譜。這不是筆小數目，如果拉長時間軸來說，相當驚人。所以我能明白你的糾結與猶豫，但是，在那個當下，我卻不加思索地回答你：「如果是我，我會選擇自己想過的生活。」

能夠這樣斬釘截鐵地回答，並不是因為事不關己，所以可以說得這麼灑脫。其實這跟我過去所曾經歷過的狀況很像，在我選擇「過自己想過」的生活之後，所損失的不只那兩三萬，而是處於一種薪水被攔腰砍的狀態！說真的，如果只考慮金錢收入，或許我不會選擇離開，因為真的差太多；但若不選擇離開，我就不會擁有現在的有趣生活。有時候，得失之間，真是要做一點權衡取捨的。

你繼續跟我說，在七八年前也應徵上了這樣的一個職位，也一樣因為差一個職等而放棄，所以現在生活無聊苦悶。你羨慕我的生活精彩，覺得我很勇敢，但是不知道要不要接下老天爺給自己的第二次機會。說真的，我反而覺得你是個受眷顧的人，因為不是每個人都可以讓老天爺給上這第二次相同的機會。

人生裡有很多的遺憾無法彌補。關於這個Second Chance，我想說的是：

第一、如果這是個改變人生的契機，請好好把握。因為餘生很短，可以盡情揮霍，但不要活在惋惜與嗟嘆中。或許改變可能會附帶風險，但至少嘗試過後，可以知道是否如自己預期的精彩，結果也很可能超過期待。說真的，最壞也不過是回到原點，有什麼損失可言？

第二、當人生的第二次機會來了，若還是會因為同樣的條件考量而放棄，就意味著這不是你真心想要的，或者你考量的條件才是你心目中最重要的。相信我，一直牢牢抓在手中，一直深深記在心裡的，才是自己真正想要的。

第三、套句愛因斯坦的老話：“Insanity: doing the same thing over and over again and expecting different results.”所謂的瘋狂，就是反覆做同樣一件事情又期待不同的結果。所以，不改變又期望不同的結果，只會讓自己陷入不快樂跟痛苦之中。**人生的終極苦悶不是因為所選擇的不是自己要的，而是因為不想接受自己的選擇。**

親愛的，不要用遺憾來懲罰自己的不勇敢。更何況，這真的跟勇敢一點關係也沒有。我們都必須承認，人生裡，唯一需要不安的是不知道無常何時會到。我們能夠掌握的其實都無需憂慮，對於不能掌控的也不需要恐懼。過好每個日常，讓當下的心流豐盈美好、讓生活充實而快樂，那麼生命何時中止，或許也就沒那麼重要了。

至於未來無期的人生，我相信大大小小的遺憾一定少不了，畢竟多數的世事難以雙全，唯有去努力自己能夠努力的部分，讓遺憾出現的機率少一點，確保我們的生活離想過的人生並不遠就好。

不要用遺憾來懲罰自己的不勇敢。願你我在將來，都能帶著微笑與世界告別。

愛的彤溫層

你的人生裡有什麼樣的錯過，讓自己到現在還扼腕嗟嘆？

不能並存的事物就不可能全拿，若有第二次機會，是否願意犧牲現在換取？

同樣的事情，第一次的機會是祝福，第二次的機會是恩賜，請不要期待有第三次，因為你並不夠堅定到可以獲得。

生活可以多甜？

感受可以多美好？體驗可以多浪漫？全部都可以由自己決定。

享受一個人的專屬浪漫

感受是很個人的，可以獨享也可以分享，但不一定要共享才能得到。

親愛的，你有多久沒有抬頭看天空。還記得星星的模樣嗎？

我知道這裡可以擁有抬頭就能得到滿天星星的特許，卻沒想到在雲霧漫漫的夜裡，星星在雲縫間，依然明亮閃爍。抬頭仰望，右邊是明晰可辨的北斗七星，左邊是一眼可視的獵戶座，每一個上來這裡的人，都會發出一種饜足的驚呼：「哇～～」

我不知道有多少人跟我有一樣的悸動，但我知道這一聲驚呼的背後，是訝異，也是感動。不僅是因為看到漫天灑落的星子，而是靜靜地在一片漆黑中，星星陡然間明亮起來的瞬間，那緩慢的明滅，跳脫閃爍的急促，有一種動人的優雅。

那是獨屬於這片天空的華麗，輕輕地、慢慢地、靜靜地；那是一種跟深呼吸一樣的頻率、跟胸膛的跳動一樣的節奏。如果你曾靜靜地等著星星由明到滅，由晦暗到璀璨，如果你曾經看過，你一定會懂。

數不清到底有多久沒有這樣看到完整的星座、看到明滅的星子，我坐在星空下寫完這篇文章，覺得有種異樣的滿足。第一次完全不帶著任何牽掛，專心陪自己，才發現一個人專屬的靜好與浪漫。

誰說一定要兩個人才能感受浪漫？感受其實是件很「個人」的事，不管自己一個、跟愛人一起或者是跟一群友伴同行，感受還是屬於個人自己的，不管共同經歷了什麼，感受卻是冷暖各異。

一定要兩個人看星星才浪漫？一定要兩個人看日出才浪漫？一定要兩個人才能覺得感受到愛？其實生活可以多甜，感受可以多美好，體驗可以多浪漫……全部都可以由自己決定。我們總覺得兩個人在一起擁有的美好一定是加倍的，其實，兩個人在一起，不是1加1等於2，而是0.5加0.5等於1。親愛的，**當我們自己也是一個完整的1時，就不需要等待另一個人來圓滿自己的美好。**

愛的彤溫層

把自己過成一個完整的 1，每週或每個月給自己一個挑戰，去嘗試一個人體驗所有曾經以為要兩個人才能做的事，然後寫下自己的心情與想法。

孤獨是一份難能可貴的禮物！當能夠把自己過好，那麼所有加進來的，都是增添人生風味的美好。

第五章

成長，取決於改變的心

終究成長與否及代價高低都是選擇而已。

親愛的，我們活著不是為了等待變老，而是為了讓自己變得更好。

人生的幸運餅乾

不會只有好話。別煩了，選擇你要做的去完成，那就對了！

面對自己的脆弱與恐懼

毛蟲的醜與蝴蝶的美，都源自同一抹生命。改變的第一步：接受無論好的壞的都是自己。

今天的陽光很舒爽。第一天上班的我，在辦公室放起了音樂，整個空間迴盪著我的笑聲；許久沒見面的同事，碰上了也免不了聊上幾回，東拉西扯地閒談著。其中一位知道我在寫作的同事趁其他人離開的時候將話題轉到了文章上……

「我很喜歡你分享出國的那篇文章，那是我一直很想去做的。」

「想，就去做啊！」

「我也很想這樣，但是我沒有辦法。我會擔心，擔心掉東西。擔心迷路、擔心自己一個人。」

「沒發生的事幹嘛擔心？迷路了就當作多參觀一個地方啊！」

「可能是害怕孤單吧！」

「我們在尚未有身邊人之前，也都是自己一個人啊！孤單不是一種貶義詞，那不過是一種狀態。」

「可能是因為我年輕時，一個人的結果都太可怕。」他突然放慢了語調，陷入了一絲恍惚。

「親愛的，你已經老了。就算你不想面對，也～已～經～老～了～。」我用誇張的語速與腔調打趣地對他說。

這場對話當然是以兩人的爆笑聲結束。雖然最後聽起來像是要告訴他，我們已經不年輕了，但實際上沒說出口的是：因為我們老了，已經與年輕無涉。如果老了的自己要永遠困在年輕的傷裡，那何必花時間老去。過去的傷不足以影響現在的想望，想要改變，必須得要去爬梳過去帶給現在的恐懼，得要面對真實的自己，然後往前走去。

突然很想送他一首蘇打綠的歌《你在煩惱什麼》，這是我很喜歡的一首歌……

沒有不會淡的疤
沒有不會好的傷
沒有不會過的絕望
你在煩惱什麼啊～～

雖然彷若是清清淡淡地訴說著，但是在聽的當下，卻厚厚實實地被撼動著。MV很凝重，慢動作播放著人生每個片段會經歷的傷痛與苦悲，但溫暖有力的聲音，卻喃喃地吟唱著一種救贖的力量。

是的，你在煩惱什麼？
你在擔心什麼？
你又在害怕什麼？

雖然我不知道其他人的過去經歷了什麼，但是大多數人擔憂的遮莫是煩惱傷疤的疼痛、可能無法痊癒的缺口，或者懷疑自己能否走過。這擔憂會如滾雪球般長大，少不了的是對現在的自己沒自信的心態充滿了黏性，包覆著對未來的一切缺乏安全感，然後有足夠長的「時間坡道」越滾越大。

人生的幸運餅乾不會只有好話。**不要把未來拿來溫習過去的懦弱；別把過去的不勇敢開成一朵永生花。**如果過去曾經有傷害，那麼就放下吧！真正的遺忘，不是不再提起，是提起的時候，不再對自己有任何影響。阿德勒曾說：「現在和過去無關，因為我們還有選擇。」既然可以選擇，那麼選擇改變、選擇勇敢、選擇向前。我們有太多可以選，何必選擇擔憂與恐懼。你在煩惱什麼？別煩了，選擇你要做的去完成，那就對了！

親愛的，毛蟲的醜與蝴蝶的美都源自同一抹生命。改變的第一步，就是接受無論好的壞的都是自己的一部份。請接受自己的樣子，活好每個當下。我們要慶幸的是，就算再怎麼不勇敢，也都是過去式了。請把那個不安與不自信的自己留在過去，因為我們不需要帶著曾經邁向未來。

愛的彤溫層

想想有什麼事情令你擔憂、恐懼、害怕？

若去執行了，這些擔心真的會發生嗎？有沒有可以克服的方式，或是能事先做些什麼來預防？

事前的擔憂不是不好的，因為可以防患於未然，讓準備更周全、風險更小，除此之外，其他就不必多想了。

人世間沒有最完美的時刻

只有最好的當下。

你，還在等嗎？

讓勇敢走在遺憾之前

世間有種遺憾叫做「永遠不見」，勇敢後，至少留有回憶可以溫暖胸膛。

巴黎聖母院從十二世紀到現在，能夠挺住戰火而倖存，卻抵不住祝融之殃而毀盡，熊熊烈焰宣告著：無論是心靈的寧靜感，還是精美的藝術感，都永無機會再感受。遺憾嗎？其實，還蠻遺憾的！

對我來說，歐洲太遠、旅費太貴、時間太少、牽掛太多……巴黎只存在於周杰倫的《告白氣球》歌曲裡；聖母院只出現在歷史課本的扉頁中；託「丹・布朗」的福，還能有幸在《達文西密碼》中，追隨著蘭登教授的腳步走過這書裡一遭、電影一回。

我想，即便在書裡巡過或隨電影踏過，都遠不及親身的感受。雖然對很多人來說，巴黎聖母院還不如巷口的雜貨店；但是對我來說，那是一個來不及做些什麼，就沒有機會了的遺憾。那種感受就像是當初覺得長江三峽有空再去，反正時間多得是，接著就眼睜睜看著大壩蓋起的心痛，是一樣的。

我們總是在等待……等著有錢，等著有閒，等著有心情，等著有人陪。但是，很多人等著等著就走了；很多地方等著等著就沒了。我們總覺得對方一直都在，所以不急著相見，最後在不經意的時候才發現：他們因為各種理由，消失在自己的生命中，也許是愛人、親人、朋友，甚或是巴黎的聖母院、街角的甜品店……。

人生裡最大的遺憾，或許並不是沒有能力、時間去到某個地方或沒有勇氣去見上某個人，而是當有能力、時間或好不容易鼓起勇氣的時候，想去的地方已經不是遠方、不是他鄉，而是一個不存在的扼腕；想見的人已經不是陌生人、已經不是在水一方，而是天人永隔的嗟嘆。雖然不想承認，卻也不得不接受：**人生很短，意外很常。**

在來得及的時候，順心率性也無妨。為自己勇敢一回吧！遺憾之所以存在，是因為無法相遇的兩方，有一方永遠不在了。而那樣的遺憾是無法彌補的，因為連要拿來烹煮淚水以供憑弔的片段都沒有。

親愛的，想見誰，就約吧；想去哪，就走吧；想做啥，就去吧！沒有那麼多的不得已，也沒有那麼多的難為情，更沒有那麼多的沒辦法，也沒有那麼多的放不下。

愛的彤溫層

有什麼事情是你想做，卻一直沒有行動的呢？

寫下自己的bucket list（願意清單；亦是電影劇名，中譯《一路玩到掛》），然後逐一完成它們。

雖然我們不一定能夠「一路玩到掛」，但是至少不會像劇中人到了生病的時候，才發現自己沒有好好體驗人生。

什麼都可以留給自己，遺憾就不必了。

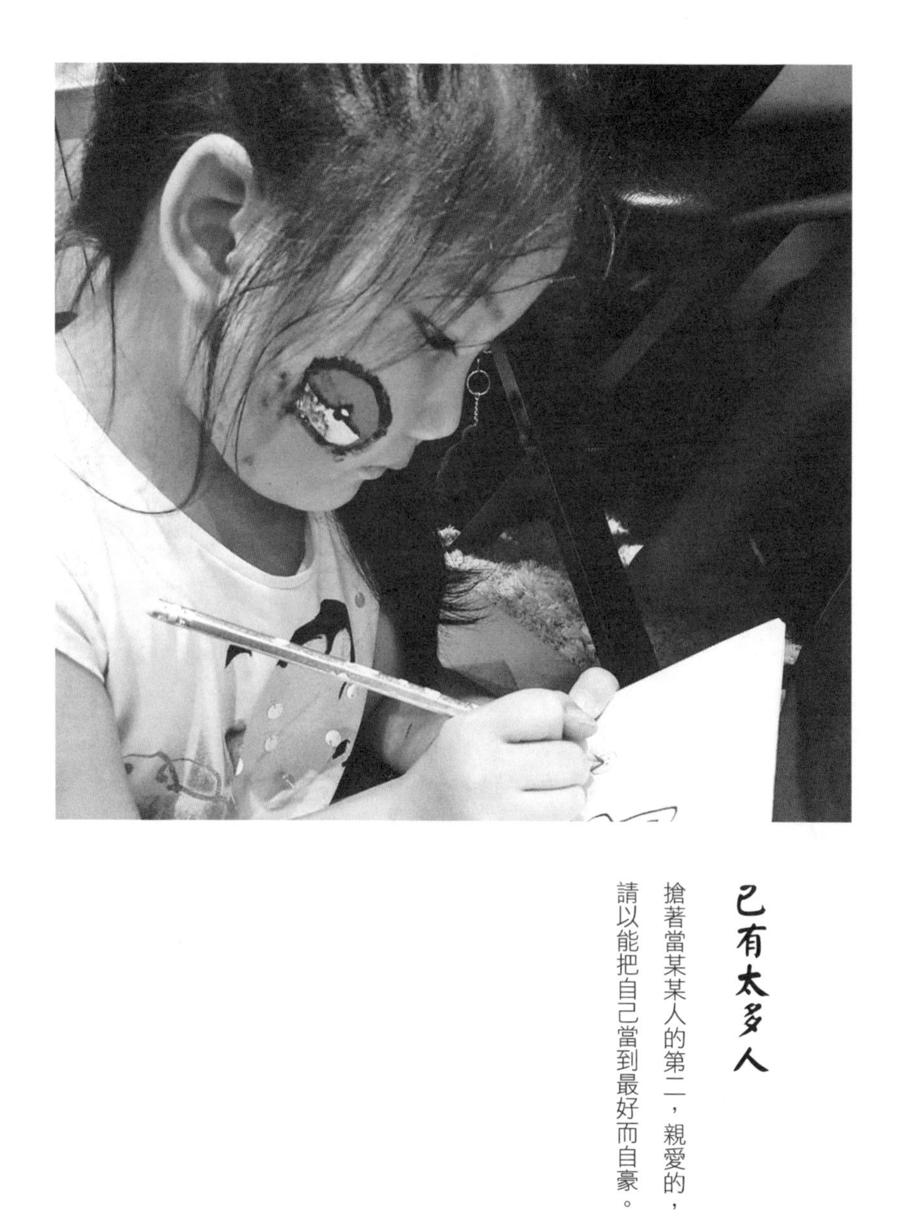

已有太多人

搶著當某某人的第二，親愛的，
請以能把自己當到最好而自豪。

請專心做好理想的自己

別做別人的第二，請做自己的唯一。

你說要成為 Kobe 第二，所以清晨四點起床練球，按表操課；你說要成為小蔡依林，所以每天研究穿搭、表情、控制飲食、嚴格自律；你說要成為第二個吉米，所以模仿他的筆觸與構圖，將他的畫臨摹得惟妙惟肖……我很為這樣的毅力感動，但是卻又有一點點小小的難過。因為很常聽到打籃球的人想當 Jordan 第二或 Kobe 第二；從商的人想當馬雲第二或郭台銘第二；漂亮的女生以擁有小林志玲或小舒淇的封號而沾沾自喜……但卻鮮少有人會為了當一個最好的自己而盡心盡力。

沒錯，模仿在學習中是一個必要的過程。仿效成功人士或者是在某個領域裡最 top 的人，會少走很多冤枉路。畢竟他們已經用人生經驗建立了一個「省力模式」，只要照著做，就算不能達到滿分，也有八、九十。而且有一個「偶像」擺在眼前可以砥礪自己往更好的方向前進，是件很棒的事！但我很想告訴你，不管我們怎麼努力，都無法成為別人，我們只能成為自己。

的確，這些會讓我們「想要成為的人」，一定有他們的「過人之處」，但是他們之所以會變成被仿效的對象，從來都不是因為他們是別人的第二，而是因為他們就是自己的第一；而且，是唯一不可替代的那一個。當我們汲汲營營地想成為某些人的第二時，可曾想過，既然我們窮極一切都不一定能做到一百分的他人，為什麼我們不把精力花在成為百分百的自己？

我們可以選擇學習、選擇超越，但不需要選擇成為「複製人」。每個人都是世界上的獨一無二，我們可以添加某些理想人的特質，設在自己的生命裡，但不能因此失去自己的靈魂。

坦白說，人生中能夠拿來說嘴與自豪的，或許不是有朝一日成為了某個人的第二，而是能夠將自己的每一分潛能、每一分能力發揮到淋漓盡致；把自己想過的生活過得盡興如意；把自己想做的事做到稱心圓滿；做一個有「高鑑別度」的人；用盡全力把自己活成自己想要的樣子。

親愛的，如果這輩子只能做好一件事，那麼，就讓自己成為自己的唯一吧！

愛的彤溫層

重新好好地檢視自己，寫下自己的人格特質、專長、興趣，同時在所列出的項目中挑選出適合好好發揮的點。

人生比打電動更有趣的地方，就是人設無極限，技能可以滿點。

人生路不論短長

都值得我們好好地走。記得在放眼未來的同時，也別忘了要著手當下。

走好現在就會邁向未來

夢想與理念落實在當下，就是把腳下的每一步踏實走好。

剛剛在臉書上看到學生po了一句話，他說：「未來的路很長，要怎麼走下去？」這句話聽起來有點茫然、帶點徬徨、夾著點無奈，再加上一點點不知所措。

關於未來的路，我想每個人都曾經茫然過、質疑過，甚至後悔過。可能是因為年輕時候的自己不知道自己要什麼，也可是因為除了茫然，不知道能夠做什麼。

說真的，想要減輕茫然與焦慮的方式有很多種：如果想要的太多，就用刪去法；如果不知道想要什麼，就用交集法；但如果知道想要什麼，但卻不知道怎麼做，那麼「以終為始」，是目前為止我覺得最有效的方法。

▼ **刪除法：**

只要從所有想做的事情中，逐次刪去不重要的，最後留下來怎麼都刪不掉的那一些，就是自己想要的。

如果不能一步到位，那就一次幾個幾個刪、分批分批地刪，或許可能會留下的不只一個也無妨。接下來就分析這留下來的那幾個共同點在哪裡，有沒有可能可以一起達成的方法？或者以 SWOT（優劣分析法）分析完之後，留下最後的一個。

▼ **交集法：**

用各種面向去找到總集合，然後根據交集的部分去思考方向。關於達成目標的可能做法也是一樣的，只是方式倒過來。

可以先以想做的事情規劃五種的做法，然後每個做法再細分五個步驟，如果有必要，每個步驟再細分不同的執行方式，一直分到不能分為止；就像開小花朵一樣，一個一個開著，然後只要照著排程將步驟做好，目標也達成了。

▼「以終為始」的方法：

先確定好目標，然後，根據要達成的目標訂下期程。接著分段寫下要達到主要目標必須要做到的子目標，跟達到子目標所需要的步驟。如果有必要就再往下推，務必確保沒有遺漏，並且避免重複。只要按照合理的時間及方式去實施就一定能達標。

以上這三種方法，在找到想要的跟建立有效執行方式上，都是很好的策略。至少可以保有「不亂的狀態」；而只要不亂，心就不慌，氣定神閒才能安步當車。

而關於「未來的路要怎麼走下去？」這一個問題，我的回答是：**把現在的一步一步走好，就會走到未來。**至於要怎麼走下去，得要靠自己去思索盤算與規劃。親愛的，沒有人能給答案，因為我們都也還走在通往未來的路上。未來的路其實不長，但值得我們好好地走；同時，也別忘了要著手當下，因為眼下的每一步，才是通往未來的基礎。

愛的彤溫層

你有想做的事情嗎？

針對自己的目標，嘗試使用刪除、交集與「以終為始」的方式找出最佳的施行步驟，再將步驟細分到可以量化且易實行的狀態。

路好不好走看規劃，但想要走好路，靠自己的每個當下。

人生如舞

沒有標準，請MIX人生經驗跳出獨特的風格。

用每個細胞盡情舞動人生

舞蹈之所以動人就在於創意與風格的展現；
生命的耀動與靈魂的魅力之所以吸引人，也就在其獨特的本質。

在LA的最後一天，我上了一堂Vogue。雖然我並不是專業dancer，但卻一樣在教室裡感受到了舞蹈的快樂。誠實說，Vogue不是好跳的舞，它是一種會讓四頭肌爆裂跟手酸到炸的舞蹈。沒有基礎的我，相較於其他已經算是老鳥的同學，在技巧上根本天差地遠，但卻沒有人覺得我不OK，甚至有人會讓出好位置給我，拉著我一起have fun。

對，have fun，這堂課從頭到尾都沒有冷場。每個人都心甘情願且開心地走完每一個基本動作的要求；就算動作坑坑疤疤、七零八落的，我也開心地跳完全程。不得不承認國外的課堂很特別，並沒有像臺灣一樣，要求分毫不差且標準到位的精確，但能神奇地把動作跟基本帶得很好。

就這樣一遍又一遍走著動作，看著同學跳，也看著自己跳。我發現每個人都可以一拍不差地跳著很整齊的動作，腳步聲整齊且俐落；但是每個人都有著自己的風格，甚至能延伸出更漂亮的動作。雖然這種形容很弔詭，卻不得不說：大家都一樣；但大家也都很不同。這「同中有異」，是在標準的動作要求下能夠跳出自己的風格；而「異中有同」，則是指不管怎麼跳，每個人都能享受到同樣的快樂且滿足。

雖然課堂要求動作一致，但卻不要求樣板。老師讓大家盡興、盡情，隨心所欲地舞著；而每一個人也都盡量展現自己最自信的動作，像孩子一樣 have fun。這裡沒有「你不對」，只有「我們可以注意這邊，像這樣……」；這裡也沒有「你應該」，只有「我們這樣做可以更好」，這些之於像我一樣從小被要求「要標準」而且「不可以錯」的孩子，是一個蠻大的衝擊。

在這裡上課最讓人印象深刻的除了享受跳舞的快樂，大概就是老師的「精神喊話」了，雖然每個老師的說法不同，但幾乎所有的老師想傳達的內容都不外乎是：

「不要只是模仿動作，要去感受歌，感受動作要傳遞出的情感，去跳出屬於自己的姿態。」

「Vogue 從來都不是要求標準動作的舞，你不需要跟我一模一樣，我希望你們發揮創意，盡量 MIX 你們的生活經驗，放進舞蹈裡，跳出自己的風格。」

老師炯炯有神的眼睛裡閃爍著熱情，為這最後一堂課劃下句點。

是啊！人生就像跳舞一樣，選擇跳 Hip Hop 就不可能看起來是 Ballet；選擇跳扇子舞就不可能看起來像 Breaking。跳什麼要像什麼，這個是絕對的，但是沒有什麼是「標準的動作」。舞蹈之所以動人，就在於創意與風格的展現；生命的耀動與靈魂的魅力之所以吸引人，也就在於獨特的本質。

每個靈魂都是生活淬煉出來的無可替代；每個生命都是經歷揉合而成的獨一無二。親愛的，放下「未達標準」的不安，丟掉「必須要一樣才是對的」這種想法，這在某些東西上或許是對的，但**人生沒有所謂的「標準」，請發揮創意、盡情感受，並「跳」出自己的靈魂律動吧！**

活出自己比什麼都重要！
想一想，你的人生是否正照著「標準化流程」在運作？
非這樣不可嗎？
這些是你想要的嗎？想改變嗎？
世界上沒有完美人生的 SOP，請發揮創意、展現自我。

人生的過場

如船穿壩，要調整的是心態，要學習的是等待。

必要時請調整定位

蓄積是前進的必然，啟程遠颺有時候需要靜心等待。

雖然不是煙波三月，我還是下了一趟江南。二月底的長江，沾著一點點稀微薄霧，所幸春寒日暖，除了風略顯得急促，船破江心，有種微妙的緩慢。

船行入壩。關閘後，船身下降的幅度比呼吸還要短，於是等待相對變長。除了靜候還是只能靜候的我，隔著玻璃望著窗外的壩緣慢慢地由乾變濕，有種奇異的療癒感。沾著來不及退乾淨的江水，壁面帶著黑亮濕滑的沉靜，在陽光中閃著幽微的神祕感。雖然定坐的我，視線不曾稍移，但眼前的景物卻不著痕跡地一點一點改變。閘門緩慢厚重的下沉，令人有種坐電梯的錯覺。那短短的幾分鐘，就像是過了一段長長的歲月。原本人聲喧鬧的船，剎時瞿然無聲，我們等著，靜靜地等著，就像等著一個不會出現的人。

隨著江水流洩，船體降到一定的高度後停住。接著又是一段無法預期的等候。等著閘門以一種超乎想像的慢速緩緩地打開。因為閘門要耐住高壓，所以有著八百多噸的重量，就像能抵擋住生活壓力的肩膀與心志，也要能有那一定強度的堅毅力量。有趣的是，閘門雖然厚實，卻也不是面對所有的一切都要奮力抵擋。有時候也必須放鬆，讓該過去的過去，讓該流走的流走。閘門調節水位讓船順利過去的動作，就像調整定位讓人生可以順利進行到下一個階段一樣。

從這個階段到下個階段，下行需放水，上行需注水。不管是哪一種，說穿了，就只不過是將狀態調整到與下一個階段相同罷了。於是，靜靜等著的我，突然間明白了，**人生的必要過場，就像穿壩而過的船，要調整的是心態，要學習的是等待。**肩膀再厚實、胸襟再寬闊、夢想再遠大，都要經過一段時間的靜心沉潛，要經過一段時間的安心止息，要經過一段時間的耐心等待，才有那另一片舒心的海闊天空，才有那一整個寬心的啟航。

愛的彤溫層

現在的你，有足夠的能量為夢想衝刺嗎？是什麼讓你停擺或者是躊躇不前？

如果覺得能力不到位，那麼給自己一點時間積累；如果覺得時機不對，那給自己一點時間等水位。盲目往前衝，並不會飛得更快、航得更遠。

當水濁的時候是無法通透的，請給自己一點時間耐心等候。

生命中的驚險

難免，但堅定自信、勇敢面對，並踏實走過，才能看到別人看不到的風景。

勇敢不是標語是實踐

要有臨淵不懼的泰然，就先要有跨出每步微小的勇敢。

我以為要將這一年專注在斷捨離上，卻沒有想到，先來到的課題居然是「勇敢」。

雨蛙呱呱地唱了一晚的小夜曲，原本期待著的陽光大落的清晨，正濕漉漉地混著薄霧與細雨。我惺忪半醒的臉還掛著睡意，瞇著眼著裝整備，抬頭看著朦朧霜白的窗外，沒有太多的失落，就是一種：「啊！下雨了……」的心情。

走下樓，微冷的空氣稍稍地喚醒了一絲神智。我開心地打著招呼，但默默地把將醒未醒的身軀塞進椅子裡，以緩慢的速度，啖食著餐桌上備著的清粥小菜，飯後還有熱騰騰的咖啡，很是飽足。

雖然天候看起來有點讓人擔心，但是大夥兒卻很有默契地準確移動。並沒有誰臉上寫著哈姆雷特的掙扎，也沒有人思考著「to go or not to go」這種問題。時間一到，準時出發。

錐麓古道最有名的就是那窄到跟對向登山者「會車」時若不小心便會擦到對方肚皮的山徑。這山徑的一邊是不知道幾層樓高的山谷溪流，而另一邊就是嚴實卻偶有落石崩土會下來問候大家的崖壁……這絕對不是條好走的路。說真的，有懼高症的人不適合來這裡活絡心跳，但是，我卻帶著懼高症跟著大家一路走完了這趟旅程。

如果以我以前的狀況，在第一座橋就已經要臉色慘白、步履維艱了。而這次，我卻帶著開心上山，並在夥伴相互扶持與鼓舞之下，忘記了腳下的艱難。上山時，因為雲霧漫漫，並不覺得人在高山險嶺；待回程時雲開霧散，一邊驚嘆腳邊風景的優美，一邊才開始了解自己處在什麼樣的一個境地，開始感受到從腳底往脊髓上竄的恐懼。我有懼高症，一直都有。嚴格說來，我是個玩過山車就臉色慘白發青的人，但居然把自己放在這種山壁上。我開始微微顫抖地拉起了繩子，戰戰兢兢、小心翼翼前行。我怕，真的怕！但是走著走著，自己也思考著：「同樣的路，為何上山時不怕？下山卻如此恐慌？」

無知是一種幸福。看得太清楚，有時候是一種迷障，因而讓自己忘記了相信自己的力量。臨淵不懼，需要對自己有相當程度的瞭解與自信，並且相信自己的能力，才能腳下踏實地往前走去，縱有深淵峽谷、泥濘坍滑，都能穩穩地踩在點上，完成目標。

所謂的勇敢不是口號，而是一種實踐；恐懼沒有不好，那是確保安全的第一道防線。但是，若不能面對險境，便只剩恐懼，或者因為恐懼放大了危險的程度。山險路窄，仍舊可以用悠適從容的心情走過，是因為專注眼前邁出的每一個步伐；因為清楚自己可以施展的範圍；因為明白外在的險境，並不足以撼動內在的沉穩。

雖然生命中的驚險難免，但只要堅定自信、勇敢面對並踏實走過，就能看到別人看不到的風景。親愛的，祝福我們都能有臨淵不懼的泰然自若。

愛的彤溫層

列出自己所有害怕的、會逃避的事物，然後嘗試主題性的挑戰，逐一降低恐懼的程度。

克服恐懼不需要立即性地改變，但是可以一點一滴地調整。

第六章

放下，才能走遠

人生是一段去蕪存菁的過程。

放下是一種必然，在那之前，請放心脆弱、用心思念。

親愛的，我們活著不是為了要證明別人眼裡的自己，是為了完整自己的人生。

相對於值得的

付出要有底線，什麼都可以擱下，唯獨自己不能捨棄。

累了就放下

讓自己值得一切的值得；這世界上最值得的是自己！

「值得」，是個有趣的詞。通常我們認為一樣東西「值得」，指的是這件事物讓我們「甘願付出」一定的代價。仔細思索，這字詞的背後隱含著某種對價關係，只是這種對價，有著一種超脫世俗銅臭的美感與詩意。究竟要做到什麼地步，才算得上是「值得」？有時候是一種弔詭的自由心證。因為你的值得不一定等於我的。當然，面對同樣的事物，也不會每個人都有覺得值得的心情。

而「值得」，其實是一個不需要向世俗交代的概念。每個人對「值得」的認定並不相同。我們往往會把一切用在我們認為值得的事情上，或耗擲在他人覺得不值得的事情裡，盡力地去平衡生活的一切。於是根據「天下沒有白吃的午餐」這句老到掉牙的話，或者是公認放諸四海皆準的「質量守恆」定理，能讓我們說出「值得」兩個字的背後，都會有相對甚至是超過想像的付出。

但是，一樣東西再值得我們付出，也有它的底線。還記得有一個說法是這樣的：人的一生就像是拋球的特技人員，而家庭、健康、事業與人際，就像每天不斷被拋接的玻璃球一樣，不得不小心翼翼，也不能不戰戰兢兢。但如果有萬一，所有的球都能夠掉，唯一掉不得的大概只有健康了。因為健康是一切的根本，沒有了健康，也不會有辦法接到其他的球；一旦失去了健康，所擁有的一切也沒有意義了。

因此，**當所有的追求，開始有了衝突，請仔細傾聽自己的內心；當身體發出無聲的吶喊時，請留意來自細胞無聲的抗議。如果累了，就把一切輕輕放下吧！**

親愛的，請讓自己「值得」擁有一切的「值得」，而在這之前，別忘記「健康」是唯一要件。

保重自己比什麼都重要！

重新審視自己的行程表吧！安排運動時間、休閒時間與放鬆時刻；請確保擁有完整的時間，健康自己的人生。

我們或許努力過著生活，但卻忘了思考，什麼才是人生中最值得的。

捨不得的前提

是曾經擁有，如果未曾擁有，何須恐懼失去？

未曾擁有何來失去

與其擔憂失去不曾擁有的，還不如把握已經屬於自己的。

你，累了吧！是不是該放過自己了？

在心理學上有個名詞叫做「稟賦效應」。意思是，人往往會過度看重自己所擁有的，或者是過度害怕失去自己所擁有的。所以，對於屬於自己的任何事物，相較於未曾擁有過的東西，會顯得分外不捨。但是不管是屬於前述的哪一種，前提都必須要是建構在「曾經擁有」這個要件上。

舉例來說：如果有隻流浪貓偶然經過我們身邊，我們停下來逗逗牠，在那當下，頂多覺得那隻貓咪好可愛，一旦轉身離去了，就是各奔東西了。但如果給那隻貓咪叫上了名字，那麼那隻流浪貓兒的出現與消失，便有了它的意義，這就是「稟賦效應」，屬於自己的會顯得分外重要與特別。而替對方命名，就是一種將對方納入「屬於自己」的感覺，或替對方取上一個獨一無二的專屬綽號，也是同樣的概念。

可是，不管命名者在心裡面給了這隻貓咪什麼樣的暱稱，牠的出現與消失，都只在命名者的心裡面具有意義而已。這隻貓還是繼續著牠流浪的旅程，牠的歸屬依然在遠方，而不在這偶然出現的命名者的胸膛，縱有萬般不捨，也只會是一種唐吉軻德式的浪漫；糾結的情感，也只是一種屬於命名者自己的纏綿不捨。

於是這隻你親愛的貓咪，可能在你的嘴裡是黑喜，但在別人的口中或許是毛寶……無庸置疑地，牠在流浪前，總也是會有個主人在身邊的，也曾有一個牠所熟悉並且牠聽到會雀躍的名字。而牠的不捨便給了那個曾經的唯一，而不是後來所遇見的每一個偶然與不經意。

可能我們會因為牠偶爾的出現欣喜，或者因為牠多天的消失而懸念，但無論我們的心境多峰迴路轉，牠終究不屬於我們，這種的掛牽比稟賦效應渲染的心理狀態還要更虛渺，還更令人心疼。畢竟曾經擁有所造成的心理效應還有緣由可解，可是**這種未曾擁有的百轉千迴，縱使鑼鼓聲敲得震天價響，也終究只是自己的過場**。

親愛的，如果未曾真實擁有，何來不捨？**若真的捨不下，輕輕告訴自己：「未曾擁有，何須過度看重？未曾擁有，何須恐懼失去？該捨得的，就放下吧！」**

愛的彤溫層

你的「曾經」也有名字嗎？

想一想，有什麼事情是我們未曾擁有，或者是已經失去卻又念念不忘的？

找一段安靜不被打擾的時間，好好與自己對話，接受所有蔓生的心情，但是一定要花點時間爬梳一下原因。

仔細想想，或許捨不下的不是過去，而是自己的不甘心。

人生不是考卷

不一定每道題目都要有答案；也沒有一種東西的期限是永遠。

請體認得失都是自然現象

面對變數是一種日常，這世界上唯一不變的，就是所有的人事物都是善變的。

你問我：「為什麼會這樣？」

面對這樣熟悉的問句與背後所包裹的情緒波動，我只能報以淺淺的微笑。

因為在相似的情況下，同樣的問題，我也曾經問過自己很多很多回，我也一樣百思不得其解；我也一樣沒有辦法接受這種跳tone的結果。但是到後來，我卻慢慢明白，或許重要的不是頻頻探詢「為什麼這樣？」、「為什麼麼那樣？」或「為什麼是我？」重要的或許是，我們都該要學會接受：所謂的失去，本身就是一種日常。

每一天，我們都在失去；失去與愛人相處的時間、失去與家人說話的機會、失去一筆交易、失去一段友誼、失去一個重要的人、失去一次完美時機、失去一次剛好到站又離去的車、失去笑靨、失去臉上的膠原蛋白、失去青春的黑髮、失去坦白的勇氣……就算什麼都沒做，也失去了那一直在流逝的時間。

失去並不可怕，因為這世界上，沒有什麼東西的保存期限是永遠。

就算跟著自己一輩子的，也只能跟著自己到自己的使用期限，時間還是在走，世界還是在運轉。就因為會失去的實在太多，我們所能做的，也只有珍惜還能擁有的時候。相處問心無愧就已足夠。我們不能左右他人的想法與意志，我們只能決定自己的看法與心念。

你問我，或許可能中間有誤會，不然為什麼會突然間不理不睬？或許吧！但也或許對方就只是不想要那麼熱情、不想要那麼的費心思，或者只是想要一個人靜靜。那是一種選擇，就算是誤解導致，也必須接受他是這個樣子，因為如果對方不想誤會，我想應該不缺那一兩分鐘弄清楚的時間；如果他不想圖個明白，或已經選擇了自己的認定，你又何必費心解釋？

我知道小劇場在你心裡輪番上演了幾番，你也推演了各種可能發生的狀況，說真的，我衷心覺得超現實最佳推理獎應該頒給這樣的你，而不是柯南或者是金田一。其實想弄清真相的方式，最簡單的就是直接詢問。但我想你不問的原因，或許也是因為明白，就算問了也不一定會有答案。

為什麼一定要有答案呢？**親愛的，失去是一種日常，得到又何嘗不是一種自然現象。**雖然失去與獲得在大部分的時候是一體兩面，少部分的時間並不等量或不相干，但這世界總不是因著單一軌道在運作的。

人生不是考卷，不一定每道題目都要有答案；況且就算有答案，也不一定會影響結果，糾結何用？接受一件事情的起落，接納一段感情的始終，停止心中的小劇場吧！沒有一種東西的期限是永遠。不管是失去，還是獲得，就接受面對是一種日常、成長是一種日常，而變數也是一種日常。

愛的彤溫層

你有事情在心裡一直糾結的嗎？寫下來～～

想一想，這些事情，就算知道了原因，能不能改變什麼？不知道原因，又能夠為這些困擾於心的事情做些什麼呢？

若是完全無法有任何行動或改變，那就算了吧！

與其花時間糾結原因，不如正視自己想要的事情，思考如何得到想要的結果。

面對哀傷

或許「你不說，我就不問」，是我們能為對方所做到的最溫柔。

風乾是一種必要的儀式

就讓風吹過，因為被淚水泡皺的靈魂無法發熱發光。

親愛的，好久不見。

雖然我們依然還是在平行的時空裡沒有交集，但我卻意外地看到你更新的照片。

你，瘦了，剪短了髮。我不自覺地用雙手模擬起捧著臉的動作，竟能感覺那厚實感在手心中頓時變得單薄了起來。

那，似乎是張被悲傷篩過的臉。一貫英挺、氣場飽滿的眼神，少了張揚的精光，有一種濾下來的空靈與沉重，好像被人無心用抹刀輕輕塗過，著上了一層綿密的濕潤霧光。

那微揚的下巴與唇線，委婉地寫著一點點倔將、一點點逞強，還有一點點的「來吧！那就這樣！」淡淡的表情有種令人打從心底發疼的難過，看起來像是心被深深地挖了一個破口，有風吹過，呼呼作響。

很想問你怎麼了，可是，或許在當下「如果你不說，那麼我就不問」，是此時此刻的我能為你做到最大的溫柔。

親愛的，你，站了很久吧？記憶中，淚跡未乾的微濕臉龐在風吹過後會有一種異樣的冰涼。風吹過你削薄的短髮，微微晃蕩；風吹過你臉頰的細細鬍渣；風吹過你身軀的密密毛孔；風吹過你靈魂的每個面向；風吹過你記憶的每個點滴；風，吹過你微微帶濕的眼。

可那明明是一種用眼眶接住淚水的完美角度，卻不知為何讓人覺得下一秒淚就會盈眶而出。下意識地想要伸手輕輕地捧住那陡然滾落的溫熱淚珠，我想，所謂的捨不得，也大概就是這種心情吧！

風乾是一種儀式，是一種告別，我們都知道被淚水泡皺的靈魂沒有辦法發光發亮。雖然我不知道你是否從明色天光站到昏黃漫上，但是我想一定久到足以風乾你想風乾的一切。

若有機會回問起，你肯定會用略為浮誇的聲調與笑容加上動作告訴我：「齁，拍得很好對不對？告訴你，那是我剛睡醒的表情，像這樣，你看，要帶點迷濛，有沒有？」但不知道為什麼，這張照片讓我想起了很經典的那一句話，「我沒有哭，只是風太大。」

愛的彤溫層

試著不要在每件事情裡逞強，真的難過的時候，給自己一段「風乾片刻」，允許眼淚、允許心傷、允許自己有足夠的時間將難過瀝光。

但當面對他人的難過，請給予「你不說，我不問」的最溫柔對待。

我們無法承擔

他人的「所有」幸福，但至少可以為自己的幸福努力。

我們無法承擔所有人的幸福快樂

四季從未費心討好世界，我們也不需要當所有人的神燈。

「我以為我做得夠多了，但是他還是不快樂……」

朋友輕描淡寫的口吻，像在說他早上出門遇見了隔壁老王打了招呼般地稀鬆平常，但他笑著說出口的無奈與難過，卻有種似曾相似的熟悉。

其實會在人生中選擇當「神燈」的人，想要的不過是對方「願望成真」時，當下那刻所擁有的喜悅與滿足。但這對於雙方來說，都像是上了癮一樣，其中一方的慾望會被持續養肥而且需索無度；而另一方的滿足感，則會被無限膨脹而過度付出。我們終究是凡人，沒有辦法無限制地滿足身邊人的大小願望。一旦這種慣性的需索與餵養循環被打破，最終不是對方發現原來你不是萬能的而極度失望，就是自己因為過度的犧牲退讓與付出，而覺得異常委屈難受。

「我都做到那麼多了，我以為他們會很開心、會很感謝我，結果沒想到我所做的一切，在他們眼裡根本就一文不值。」這次語調中添上了一絲怨懟，像是不小心多擠上了幾滴帶皮檸檬汁，加了些聽得出來的酸楚。

在愛裡付出與在乎越多的人，其實是渴望愛的一方。這樣的人通常會希望藉由愛人、給與、犧牲、退讓及付出，來換到被肯定的成就與被愛的感受。但是，往往這樣的「交換」衍生的結果就是天平失衡，這會像一個吞噬自我的黑洞，終究將付出者淹沒。

「我已經做了那麼多，為什麼他還是不快樂？」朋友依然不死心地問著。親愛的，請放過自己吧！就算再問七七四十九遍，也得不到答案的。

我也曾問過我自己同樣的問題，很多、很多、很多遍。在我將對方當成我的天，並全心付出所有來滿足對方一切不合理要求之後，所得到的答案竟是：「你真的懂得愛一個人嗎？你根本不懂愛。」為此，我難過得想自殺，也開始了鬼打牆般的詰問。我每天問自己：「為什麼我做到他要我做的一切，他還是不快樂，為什麼？」終日殫精竭慮與索盡枯腸會有答案嗎？當然沒有。因為不愛你的人，縱使你做再多，對方都不會快樂；此外，不愛就是不愛了，沒有為什麼。這些道理，我很久之後才明白。

別拿付出交換愛。四季從未費心討好世界，即便有著那麼一些人傷春悲秋、憤夏怨冬，但是四時始終不改其色。因為**一個人的快樂是自己選擇的，跟我們給與的沒有絕對正相關**。充其量，某些人的快樂與否跟我們的作為有直接關聯，但並非所有他們的快樂都是我們的責任。愛人如此，親人也是，朋友亦然。

在愛裡，問心無愧足矣。不要繼續拿別人的不快樂懲罰自己，我們無法承擔他人的「所有」幸福，但至少可以為自己的幸福努力。

愛的彤溫層

愛自己比什麼都重要！

你是不是在付出的時候，也希望對方回報？你希望對方回報些什麼？

寫下來，你會發現：想要收到的回報正是自己匱乏的；然後再靜心想想，是不是能自我滿足？

親愛的，付出必須是一種心甘情願，否則就不要輕易給予，只要感受到付出當下的滿足喜樂，就足以豐盛心靈。

唯有你也想念我

的時候，我的想念才有存在的理由。

見面是一種屬於雙方的懸念

「唯有你也想見我的時候，我們見面才有意義」——西蒙・波娃 (Simone de Beauvoir)

王菲有一首歌是這樣唱的：「思念是一種很玄的東西，如影隨形……」當思念漫頂，就會渴望見面。的確，相見是一種屬於雙方的懸念，必定是雙方都渴望的，才會有其存在的意義。假若只是單方面的思念，是走不進去對方的空間的，那麼思念也只是一種讓人負擔沉重的遙遠。

如果我們並不屬於對方的世界，無論你多麼渴望，都拉不近那有心營造的禮貌疏遠，那見面就是一種多餘。感情不是一種單方面的滿足，它必須來自雙方的期盼。不管是親情、友情或愛情，只要是獨角戲，演來都格外辛苦。

回應，就如同看戲的人所給予的掌聲，當並不是出自於內心的欣賞，而是出自於禮貌的表示；那麼稀疏的幾聲回應，聽起來便格外的落寞。雖然這世界並不存在著盡力表演就會得到熱烈回應的絕對必然，但這種獨處於舞臺上的孤單在這個世界上並不是一種寂寞的存在。

親愛的，要相信自己能夠。要嘛，找到欣賞你的觀眾；要嘛，就要能夠享受沒有觀眾的舞臺。千萬別跑錯不屬於自己的場子。**別拚命硬擠進去不屬於自己的思念裡。每個人都值得一個把自己放在心上的人；每個人也都值得一份專屬的想念。**思念並不是掛號，一旦寄出去就會被收到；就算是可以用快捷遞送，也得要有人簽收才行。就如同這句話：「唯有你也想見我的時候，我們見面才有意義。」同樣地，面對思念，我只能說：「唯有你也想念的時候，我的想念才有存在的理由。」

愛的彤溫層

你也有放在心底思念的人嗎？

思念是很有趣的字，「思」你，因為你在我「心田」；「念」你，是因為你「現今當下在我心上」，但請記得，對方也必須要有同樣的心情，思念才不至於是一場鬧劇。

真正的忘記

不是不再想起，而是想起時已不再牽動心緒。

讓過去隨風而逝

真正的放下無須宣告，其實釋然安靜得超過想像。

親愛的，我由衷為你感到開心。

記得我跟你說，我希望我倒數到0的時候，你可以把這段感情放下，把這個人從心裡移開。於是我開始了倒數的告別式。我以為我必須要寫完那十篇你才會醒過來，沒想到我寫到第三篇，你就告訴我：「夠了。可以了。」好想給你一個擁抱，因為你臉上那釋然的笑。

真正的告別是無需儀式的。就像一句歌詞唱著：「有些人，走著走著就散了……」為什麼會讓人那麼的感觸深刻，這是因為感情這種東西無法你情我願，無法努力，更無法勉強；而緣分的短長，也不是我們能夠決定的。不管是在對的時間點遇到不對的人，或者在不對的時間點遇到對的人，都是無法在一起的遺憾。如果曾經遺憾，就讓那個遺憾是個句點吧！

對於已經走遠的人來說，不管你說多少狠話、流多少眼淚，「告別式」辦得再澎拜，宣言喊得全世界都知道……放不放得下，還是自己最明白。最終你要體認的是：**不管自己放不放得下，若對方早已將你放下，那你又何苦扛著過往？**

我知道忘記真的很難。總會走過那一起逛過的街；總會想起那一起吃過的甜點；總會想起那些一起幹過的傻事；總會聽到那些一起唱過的歌……總會在某個寧靜的夜，突然就想起那「曾經一起」的某個人。其實，想起也無妨，因為回憶是美好的，**我們不需要壓抑想念，所以也請不要為別離哀傷。**

Gone with the wind. 就讓一切隨風而逝。

所謂真正的忘記，不是不再想起，而是想起時已不再牽動心緒。忘記一個人，不是強迫自己從記憶裡拔除，而是即便牽動思緒也雲淡風輕；就算勾起回憶也相望江湖。直到哪天就算不經意見面也能相視而笑時，那就是真的放下了。

愛的彤溫層

你也有那個放不下的人或是該遺忘的對象嗎？

到底想忘記的是人？是回憶？還是受的傷？

讓自己過得適然安靜才是最重要的。仔細寫下來並試著與過去和解吧！

既然堅強

沒有使用期限，就讓脆弱是脆弱
該有的模樣。

堅強不是標配

寧願流著不堅強的淚，也不要撐著逞強的笑。

「匆匆，我們都只是脆弱的靈魂。」

FB動態裡突然跳出一則貼文。久違的你，牽動了我的擔心。於是我輕輕捎去一句：「你還好嗎？」

半晌，收到一句：「不好。」

你說：「這場雨從昨晚起一直沒有停過。陪了十多年的家人匆匆離去，才知道脆弱的部分並不會因為年紀的增長而變堅強。那些承受不起的依舊承受不起。」

關於你的難過，我沒再多問，怕觸及太多，讓你情緒洶湧。如果淚水是連下了一整夜的雨，那麼我希望可以有那段地乾的時間，就算短短的也好。我心疼那樣的你，我也懂那樣的承受不起，但我卻捨不得你哭多了傷身體；我也想深深地擁抱你，就算只是靜靜陪著不發一語。

「親愛的，就讓脆弱是脆弱該有的模樣吧！面對這樣的情況，任誰都不需要堅強。」思考了半晌，我在螢幕上留下這句話。終究，在百里外的我，只能這樣支持你。我想偷偷告訴你，無法看你潰堤的我，脆弱的部分也一樣並沒有隨著年齡增長而變得更堅強。我不會勸你「別哭了」，因為堅強並沒有使用期限，我們不需要急著拆封。我寧願你流著不堅強的淚，也不要看著你撐著逞強的笑顏，**在「離開」面前，所有一切軟弱都合理，所有難過也都剛好而已。**

或許這個世界並沒有要求我們要堅強，但不知為何我們老是覺得自己不應該軟弱。尤其當年齡已經變成「成熟」的同義詞，似乎堅強也成了唯一被允許的存在，脆弱因此更顯得不堪一擊。如果沒有軟弱的存在，或許堅強就沒有那樣地振奮人心。這不禁讓我思索：我們是不是對於特定年齡該有的堅強，有著那麼一種習以為常的必然？

不可否認，堅強的確在某些時候是隨年齡等比成長的，但難過的時候不是、傷心的時候不是，在面對失去的時候更不是。生命裡已有太多難料的曲折，我們能不負自己已經足夠，實在無暇滿足他人對我們堅強的期待。

雨過天晴終有時，總有那麼一天，當我們可以坦然接受失去，能夠淡然面對不再擁有的事實，那麼堅強便會內化成靈魂的一部分，可以與脆弱並存。而在那之前，如有必要，就允許自己用任何方式脆弱吧！我們真的不需要一直那麼堅強。

愛的彤溫層

對自己體貼一點吧！

允許脆弱、允許眼淚、允許自己不堅強。除非人生無憾，否則沒有人可以永遠堅強。

療癒系 005

拒絕開成別人眼裡的花：
成就美好自己的41個激勵

時時激勵自己，來一點正能量，喚醒並堅定自我價值與人生方向。

作　　者　李少彤◎著
顧　　問　曾文旭
統　　籌　陳逸祺
編輯總監　耿文國
主　　編　陳蕙芳
編　　輯　翁芯俐
封面設計　吳若瑄
內文排版　吳若瑄
圖庫來源　Shutterstock.com
法律顧問　北辰著作權事務所

印　　製　世和印製企業有限公司
初　　版　2020年07月
出　　版　凱信企業集團-開企有限公司
電　　話　（02）2773-6566
傳　　真　（02）2778-1033
地　　址　106 台北市大安區忠孝東路四段218之4號12樓
信　　箱　kaihsinbooks@gmail.com

定　　價　新台幣320元／港幣107元
產品內容　1書

總 經 銷　采舍國際有限公司
地　　址　235新北市中和區中山路二段366巷10號3樓
電　　話　（02）8245-8786
傳　　真　（02）8245-8718

國家圖書館出版品預行編目資料

拒絕開成別人眼裡的花：成就美好自己的41個激勵 / 李少彤著. -- 初版. -- 臺北市：開企, 2020.07
面；　公分
ISBN 978-986-98556-7-9(平裝)

1.自我實現 2.生活指導

177.2　　109006867